郵票中的祕密花園

珍貴、稀有的藝術與科技郵票收藏

王華南 著

高談文化藝術館

國家圖書館出版品預行編目資料

郵票中的祕密花園——珍貴、稀有的藝術
與科技郵票收藏／王華南 著--台北市：高談
文化，2005〔民94〕
　　面； 公分. --（藝術館）
　　ISBN 986-7542-91-6 （平裝）
　　1. 郵票

557.647　　　　　　　　　　94013576

郵票中的祕密花園

——珍貴、稀有的藝術與科技郵票收藏

作　　者：王華南
發行人：賴任辰
總編輯：許麗雯
主　　編：劉綺文
責　　編：李依蓉
美　　編：陳玉芳
發　　行：楊伯江
出　　版：高談文化事業有限公司
地　　址：台北市信義路六段76巷2弄24號1樓
電　　話：（02）2726-0677
傳　　真：（02）2759-4681
http://www.cultuspeak.com.tw
E-Mail：cultuspeak@cultuspeak.com.tw
郵撥帳號：19884182 高咏文化行銷事業有限公司
製版：菘展製版（02）2246-1372
印刷：松霖印刷（02）2240-5000
圖書總經銷：凌域國際股份有限公司
　　　　　　電話：(02)2298-3838
　　　　　　傳真：(02)2298-1498
行政院新聞局出版事業登記證局版臺省業字第890號
由高談文化事業有限公司獨家出版發行繁體中文版
2005年8月出版
定價：新台幣360元整

小小郵票的大大財富！

　　小小的一張郵票，究竟能為人們帶來多大的心靈滿足與快樂？小小的一張郵票，又能為你帶來多少財富？這個問題除了作者——王華南先生——之外，恐怕沒有人能說得清楚。

　　十九世紀當郵票問世時，不過只是一種「預付郵資」的工具而已，這是1840年英國的羅蘭‧希爾爵士所提出來的原始構想。但隨著時代的變遷，郵票的附加意義增加了，圖案的主題也從君王、元首、建築物，擴增到藝術、音樂、文學、太空、船舶、橋樑、科技等領域；發行郵票的「紀念意義」早就大過原來「預付郵資」的目的了。

　　隨著印刷技術的日益精進，郵票的設計與印刷質感也愈來愈精緻、美麗。在這本書的規劃與製作過程裡，我們每每在一張張漂亮的郵票中，一再地驚呼、讚嘆不已。除了亮麗、獨特的圖案設計之外，不同的尺寸、不同的用心，幾乎每一張郵的誕生，都各自擁有或代表著一個特殊事件的發生：音樂家的紀念日、樂器的誕生、達文西與蒙娜麗莎、梵谷和他的名畫、為聖誕節而發行的紀念郵票、慶祝電影的發明、知名電影明星、世界七大建築奇觀、飛船的誕生、鐵路與火車的問世、飛機的發明、荷蘭國歌四百年紀念……等等。

　　王華南先生自板信商業銀行國外部經理職位退休之後，便自在悠遊於郵票的寬廣世界，怡然自得，並屢屢在國內及國際郵展中獲得獎項與殊榮，包

括：1995年在全國郵展中榮獲鍍金牌獎、專題郵集特別獎；1996年郵政百周年高雄國際郵展中榮獲鍍金牌獎；加拿大世界級國際郵展CAPEX '96榮獲鍍銀銅牌獎，並受邀於台北市交通博物館、郵政博物館展出各類專題性郵集。

當「集郵」在台灣還停留在小時候的刻板印象時，其實「集郵」的「怡情」和「益智」，已經悄然在台灣發芽。王華南先生傾心於在小小的郵票世界中鑽研，更為了深入探索每一張（或每一套）郵票背後的動人故事，努力學習並精通多國語言，直接閱讀、挖掘其中的歷史價值與時代意義，這種毅力與耐力，著實令人敬佩。本書除了與讀者分享他的「集郵」經驗，與基本郵票知識之外，作者更對每一張郵票背後的故事如數家珍，一字一句都是豐富的知識傳遞與歷史事件的重新上演。

郵票的世界，就像是一座花團錦簇的秘密花園，等著讀者用心探索。在欣賞品味這些珍藏郵票時，必定能同時感受作者精神生活的富足與豐富的學識涵養。現在，就讓我們鄭重的邀請您，一同進入郵票珍藏的另一個「真善美」的祕密新世界。

高談文化總編輯
許麗雯

自序

　　2005年2月底台北世貿展覽館舉行國際書展，展期最後一天我走到高談文化的攤位，看見一套三冊的《你不可不知道的音樂大師及其名作》，覺得內容及編輯還不錯，可惜書中附圖皆為黑白，進一步向許社長詢問其中原因，許社長告訴我：「彩色圖片不易取得，並且牽涉到引用版權的問題。」收集音樂專題郵票三十多年的我，馬上向許社長表達以郵票為附圖，編寫一冊有關「音樂家故事」精緻書的意願，許社長覺得頗有創意，於是交換名片，約定在書展後會面詳談。到了三月中旬，許社長委託主編劉綺文小姐與我接洽，我將收藏的部分郵票圖檔E-mail給許社長，許社長看了以後表示想要進一步了解所有的珍藏品，於是便請劉主編和企劃編輯李依蓉至家中一探究竟。當時我拿出七大冊「音樂郵集」，讓兩位來賓大開眼界，大約觀賞了兩個多小時才回公司。隔天，許社長就囑託劉主編與我洽談簽約出書事宜，而我也趕緊整理相關資料，開始撰打音樂主題的郵票故事。

　　當我完成「許慈」、「巴哈」、「韓德爾」、「史懷哲」等部分後，劉主編來電告知：「許社長有意擴充內容。」於是我趕往高談文化和許社長商討寫作新方向。許社長認為，郵票系列的第一本書，若僅侷限於「音樂家郵票」，恐怕無法引起廣大的關注；如果能擴充內容、增加郵票種類，將可吸引更多的讀者群。於是以「藝術與科技」兩大類郵票為主題的《郵票中的祕密花園》就此誕生。

　　人類終其一生勞碌所求為何？個人認為不外乎「真善美」三項，為達此目的，在文化所展現者就是「科學以求真」、「宗教以求善」、「藝術以求美」，而現實生活中也有一樣「不大不小」、「可大可小」的物品，足以將前述三項在平面上充分表達，那就是方寸大的郵票。

郵票的問世，來自於英國的羅蘭・希爾爵士在1840年所提出的構想，當初發行的目的只是爲了預付郵資的便利，郵票的圖案採用象徵大帝國的英國女王維多利亞肖像。隨著歐美各國陸續仿效英國式郵政，各種不同面額的郵票也紛紛出籠，不過郵票圖案的主題仍只限於君主、元首及建築物而已。到了第二次世界大戰結束後，由於科技進步迅速，使人類的物質和精神生活有了跳躍式的變化，郵票的圖案設計也不例外。

1961年法國發行一系列藝術類專題郵票後，大受全世界郵迷的歡迎，各國郵政主管單位群起效法，一時之間名畫成爲藝術類郵票中的大熱門。1969年美國太空人登月成功，各國郵局當然不會放過這個當時全球最火熱的話題，紛紛發行太空類郵票。1970至1990年全球經濟進入快速成長期（除了其中幾年發生石油能源危機），歐美、日本等經濟大國人民所得大幅增加，帶動了全球強勁的購買力，各國郵局爲了滿足郵迷多元化的需求，每逢值得紀念的重大事件，都不會錯過那些發行相關專題郵票的好時機，例如：1991年莫札特去世兩百周年、2003年美國的萊特兄弟發明動力飛機一百周年、2004年蒸汽火車發明兩百周年、2005年值丹麥童話作家安徒生誕生兩百周年……等等，而本書當然也不會忘了介紹這些珍貴的紀念郵票。

在台灣，對一般人來說，「集郵」大都還停留在「小孩子的玩意兒」或是「有錢人的高級休閒活動」等刻板印象中，其實「集郵」在歐美、日本等國家是各階層都非常普遍的休閒活動，各級學校普設集郵社團，郵商和郵局合作派專人指導正確的集郵觀念和方法，與台灣在十多年前刮起的「炒郵」歪風截然不同。所謂「正確的集郵觀念」是以休閒爲主，休閒的同義詞就是「怡情」，而如何進入「怡情」境界，其實就等同於如何欣賞郵票中的圖案，所以要「懂得欣賞」才能算是眞正的「集郵」；至於一味追求「流行專題」與「炒郵」者，不過只是集了一堆「郵票」，成爲「積郵」罷了。

此外，「懂得欣賞」就是要了解郵票發行的目的和圖案設計、主題內容，當深入了解之後便增進了知識，此即是「益智」。由上述可知，「集郵」首重「怡情」和「益智」，至於「集郵」是否能發財，那就要靠集郵者充實集郵的常識與資訊，進一步明瞭郵票的發行數量與流通性、需求性，換言之，就是要「作功課」。「集郵」在今日已成為一門專業學問，西歐各國的大都會郵局，甚至還附設「集郵學校」指導民眾「如何集郵」。

　　相信很多讀者都曾經收集過郵票，但總在五分鐘熱度以後就不了了之。「集郵」是考驗一個人長期毅力的活動，凡能持之以恆者，方有成果。因此，本書除了將「集郵」的經驗與基本郵票常識與各位讀者分享外，並以「趣味」為出發點，凡事唯有讓人「感興趣」才會持久，因此本書在各專題中穿插許多「有趣」的故事，期使讀者在了解郵票發行背景之餘，進而提升閱讀興致，並在欣賞品味這些珍藏多年的郵票時驚嘆：「哇！還有如此漂亮的郵票！」

　　祝福諸位讀者能進入另一個「真善美」境界。

王華南

2005年6月17日

目錄

一、方寸間的文學

（一）聖經故事

　　《聖經》分成「舊約」和「新約」兩大部分，舊約部分的故事背景就是以現今的以色列爲中心。以色列在1948年獨立建國，自1949年起，每年猶太曆新年都會發行一套紀念郵票，而1952年以後所發行的郵票主題，大都與《舊約聖經》中記載的經文有密切關係，以下即爲其中最有名的五則故事。

1.一週為何是七天？

　　1965年9月7日發行的猶太曆第5726年新年郵票，圖案主題採用《舊約聖經》第一卷《創世紀》第一章的記載，最初上帝創造萬物經過六天後，第七天要休息，因而造就一週七天（工作六天、休息一天）的固定模式。此一系列的圖案設計者，即以寓意方式與抽象風格描繪上帝每天所完成的事物。

◆ 面值0.06鎊／第一天，引用《創世紀》第1章第3節：「上帝曰，該有光」。

◆ 面值0.08鎊／第二天，引用《創世紀》第1章第6節：「上帝曰，衆水之間該有穹蒼」、第8節：「稱穹蒼為天」。

◆ 面值0.12鎊／第三天，引用《創世紀》第1章第9節：「上帝曰，將乾地出現」、第11節：「將地發出青草，蔬菜結種子，果樹結果子，各從其類」。

◆ 面值0.25鎊／第四天，引用《創世紀》第1章第14節：「上帝曰，該有光」、第18節：「從黑暗分出光」。

◆ 面值0.35鎊／第五天，引用《創世紀》第1章第20節：「上帝曰，水該生出活物及會飛鳥禽」。

◆ 面值0.70鎊／第六天，引用《創世紀》第1章第26節：「上帝曰，吾等依吾等形象，照吾等樣式造人」。

版銘

　　以色列所發行的郵票，會在最下面一排加印與郵票圖案內容有關的圖案與文字，其附加的貼紙部分，英文稱為「tablet」，簡稱「tab」，台灣集郵界稱為「版銘」。

　　本套的每一枚版銘分別以希伯來文、法文印上「創造」（la création），各枚則按順序印上「第一天」（premier jour）、「第二天」（deuxième jour）、「第三天」（troisième jour）、「第四天」（quatrième jour）、「第五天」（cinquième jour）和「第六天」（sixième jour）。

2. 彩虹的誓約

　　1969年8月13日發行的猶太曆第5730年新年郵票，圖案主題採用《舊約聖經》首卷《創世紀》中洪水的故事，大意是起初上帝造了一個完整美好的世界，但是人類及動物的後代墮落敗壞，使地上充滿了罪行，上帝因而決意用洪水來消滅所有的人類及有氣息的生物，只有義人諾亞除外。上帝為了保存諾亞全家性命，指示他造大船（中文《聖經》譯為「方舟」），然後帶領全家八口（「船」就是「舟」加上「八口」，與本段經文含義相同）及各種動物一公一母進入大船，其用意就是為了以後重建新的世界。後來上帝降雨四十晝夜，用大水淹死世界上所有的生物，只有在船內的諾亞全家及動物得救。

◆ 面值0.12鎊／《創世紀》第6章第14節：「你就用哥斐木造一艘大船」。
　版銘用希伯來文、英文印製出上述經文「MAKE YOURSELF AN ARK OF GOPHER WOOD…」。

◆ 面值0.15鎊／《創世紀》第7章第15節：「凡有氣息活物一對一對隨諾亞入大船」。
　版銘用希伯來文、英文印製出上述經文「THEY WENT INTO THE ARK WITH NOAH, TWO AND TWO…」。

◆ 面值0.35鎊／《創世紀》第7章第18節：「水勢真大，漲滿全地，大船浮於水面」。
　版銘用希伯來文、英文印製出上述經文「AND THE ARK FLOATED ON THE FACE OF THE
　WATERS」。

◆ 面值0.40鎊／《創世紀》第8章第8節：「他放一隻鴿子出去，看水是不是從地面退去」。
　版銘用希伯來文、英文印製出上述經文「THEN HE SENT FORTH A DOVE…」。

◆ 面值0.60鎊／《創世紀》第9章第14節：「虹必現於雲中」。
　版銘用希伯來文、英文印製出上述經文「AND THE BOW IS SEEN IN THE CLOUDS.」。
　「彩虹」就是上帝和人、動物建立的約定，以後不再淹大水。

3. 摩西帶領以色列人出埃及

　　1981年8月25日發行的猶太曆第5742年新年郵票，圖案主題採用《舊約
聖經》第二卷《出埃及記》的重要情節。

　　改編自《出埃及記》的好萊塢夢工廠動畫片《埃及王子》，即是敘述摩
西不願當埃及王子，接受上帝的旨意帶領以色列人跨越紅海、走出埃及的神
奇故事。

...וְהִנֵּה
הַסְּנֶה בֹּעֵר בָּאֵשׁ
וְהַסְּנֶה אֵינֶנּוּ אֻכָּל:
שמות ג׳,ב׳
...the bush burned
with fire, and the bush
was not consumed.
EXODUS 3,2

שַׁלַּח
אֶת־עַמִּי...
שמות ה׳,א׳
...Let my people
go...
EXODUS 5,1

וּבְנֵי
יִשְׂרָאֵל הָלְכוּ בַיַּבָּשָׁה
בְּתוֹךְ הַיָּם...
שמות י״ד, כ״ט
But the children of
Israel walked upon
dry land
in the midst of the sea...
EXODUS 14,29

...וּשְׁנֵי
לֻחֹת הָעֵדֻת
בְּיַד־מֹשֶׁה...
שמות ל״ד,כ״ט
...with the two
tables of testimony
in Moses' hand...
EXODUS 34,29

◆ 面值0.70鎊／《出埃及記》第3章第2節：「荊棘被火燒著，卻沒有燒毀」。摩西上何烈山看到上帝顯聖。版銘用希伯來文、英文印製出上述經文「the bush burned with fire, and the bush was not consumed.」

◆ 面值1.00鎊／《出埃及記》第5章第1節：「容我的百姓去……」。摩西對埃及法老王傳達上帝的旨意，要求法老王放以色列人走出埃及。版銘用希伯來文、英文印製出上述經文「Let my people go…」

◆ 面值3.00鎊／《出埃及記》第14章第29節：「以色列的子民卻在海中走乾地」。上帝顯聖，使紅海的海水分開，摩西帶領以色列人走過紅海中的乾地。版銘用希伯來文、英文印製出上述經文「But the children of Israel walked upon dry land in the midst of the sea…」

◆ 面值4.00鎊／《出埃及記》第34章第29節：「摩西手裡拿著兩塊法版」。摩西所拿的法版就是上帝要求以色列人遵守的十誡。版銘用希伯來文、英文印製出上述經文「with the two tables of testimony in Moses' hand…」

4. 約納不遵上帝旨意被大魚吞入腹中

　　1962年8月25日發行的猶太曆第5724年新年郵票，圖案主題採用《舊約聖經》的《約納先知書》中，上帝行使神蹟的記事。大意是上帝指示先知約納去尼尼微（亞述帝國首都Nineveh）警告人民，但是約納卻坐船逃走，後來在海上遇到大風暴，約納被拋入大海中。上帝派大魚將約納吞入腹中，但在約納懇求饒恕之後，又命大魚把他吐上岸。死裡逃生的約納前往尼尼微，傳達上帝旨意，尼尼微人也因悔改而未被消滅。

◆ 面值0.30鎊／《約納先知書》第1章第4節：「海就狂風大作」。
版銘分別以希伯來文、法文印製出上述經文「ET IL Y EUT GRANDE TEMPÊTE SUR LA MER」。

◆ 面值0.55鎊／《約納先知書》第2章第1節：「約納在魚腹中」。
版銘分別以希伯來文、法文印製出上述經文「JONAS DEMUERA DANS LES ENTRAILLES DU POISSON」。

◆ 面值0.08鎊／《約納先知書》第4章第8節：
「日頭曝曬約納的頭」。
版銘分別以希伯來文、法文印製出上述經文
「LE SOLEIL DARDA SES RAYONS SUR LA
TÊTE DE JONAS」。

5. 普林節的由來

　　1962年8月25日為紀念普林節
（Purim）而發行的郵票，以《舊約聖經》
中的《以斯帖記》為藍本。以斯帖是一
名被波斯王冊封為王后的猶太女子，她
的養父末底改因為不肯向宰相哈曼跪
拜，哈曼發怒決意消滅猶太族，末底改
求救於以斯帖，請她想辦法向波斯王求
情施恩。以斯帖王后利用機會向波斯王
替末底改論功行賞，波斯王因回憶起末底改有救命之恩而准許王后的請求。
王后於是趁著波斯王賜宴時，一舉揭發哈曼消滅猶太族的計謀，波斯王大
怒，下令將哈曼懸於自備木架上，並廢除哈曼的惡旨，以斯帖因而拯救了猶
太族。後來猶太人便以哈曼所掣之名為「Pur」的「籤」，做為紀念此事件的
節日名稱。

◆ 面值0.40鎊／波斯王「亞哈隨魯」登基第三年大設筵席款待臣民。

《以斯帖記》第1章第1節：「當今來到亞哈隨魯做王時日」。

版銘分別以希伯來文、英文印製出上述經文「In the days of Ahasuerus」。

◆ 面值0.80鎊／波斯王冊立以斯帖為王后。

《以斯帖記》第2章第17節：「他就將皇室冠冕戴在她頭上」。

版銘分別以希伯來文、英文印製出上述經文「He set the royal crown on her head」。

◆ 面值1.60鎊／末底改騎馬遊街。

《以斯帖記》第6章第11節：「王所喜悅尊榮的人，就如此款待他」。

版銘分別以希伯來文、英文印製出上述經文「Thus shall it be done to the man whom the king delights to honor」。

（二）莎士比亞

　　英國在1964年4月23日發行一套莎士比亞誕生四百周年的紀念郵票，圖案主題選自他的經典名著。

◆ 面值3便士／《仲夏夜之夢》（A Midsummer Night's Dream）小精靈與驢頭。

◆ 面值6便士／《第十二夜》（Twelfth Night）節慶中的小丑。

◆ 面值1西令3便士／《羅密歐與茱麗葉》（Romeo and Juliet）羅密歐向在陽台上的茱麗葉表達真情思慕之意。

◆ 面值1西令6便士／《亨利五世》（Henry V）亨利五世在帳棚內祈禱。

◆ 面值2西令6便士／《哈姆雷特》（Hamlet）哈姆雷特握著頭顱。

加郵站

　　由於現代郵票的發明人——英國的羅蘭‧希爾爵士，當初設計郵票圖案時並未想到有朝一日會普及全世界，所以郵票上未印國名，僅以當時在位的君主肖像為標誌。本套郵票的右側印即為當今的英國女王伊莉莎白二世。

郵此一說　英鎊在1970年改為百進位幣制前，1英鎊＝20西令，1西令＝12便士。

◆ 匈牙利（MAGYARORSZÁG）在1948年10月16日發行一套世界著名作家專題郵票，其中第一枚就是莎士比亞。郵票左邊為羅密歐爬上梯子向陽台上的茱麗葉表達愛意。左下角的一架飛機圖案及「LÉGIPOSTA」字樣，即「航空郵政」之意。

◆ 匈牙利（MAGYAR）在1964年5月31日發行一枚莎士比亞誕生400周年的紀念郵票，圖案為莎士比亞肖像。

◆ 馬爾地夫（MALDIVES）在莎士比亞誕生425周年的1989年，發行一枚莎士比亞的紀念郵票，背景是位於亞芳河畔史特拉福的莎士比亞故居（STRAT-FORD-UPON-AVON）。

◆ 獅子山（SIERRA
LEONE）在1989年
發行一枚莎士比亞
誕生425周年紀念
的小全張，內含一
枚莎士比亞肖像郵
票，小全張的右邊
是1598年演出莎士
比亞戲劇的環球
（GLOBE）戲院南
邊入口處。

（三）歌德

　　德國郵政在1949年8月28日發行一套歌德誕生兩百周年紀念附捐郵票，
附捐款項作為法蘭克福「歌德之家」的重建基金。

◆ 紀念歌德誕生200周年
的明信片，蓋有法蘭
克福郵局的發行首日
紀念郵戳。
◇ 面值10＋5／1786年歌
德到羅馬旅遊的畫
像，由畫家Tischbein
繪作。
◇ 面值20＋10／歌德正
面畫像，由畫家
Stieler繪作。
◇ 面值30＋15／歌德側
面畫像，由畫家
Jagemann繪作。

◆ 匈牙利在1982年12月29日發
行一套歌德逝世150周年紀念
小全張，內含一枚歌德肖像
郵票，小全張右方以漫畫筆
調素描歌德名作《少年維特
的煩惱》的男女主角。

列支敦斯登（LIECH-
TENSTEIN）在1999年9月9
日發行一套歌德誕生兩百
五十周年紀念郵票，郵票
圖案設計者以諷刺寓意方式將《浮士德》詩劇中的魔鬼畫成人面馬腿。

◆ 面值1.70法郎／歌德和魔鬼握手。
　圖卡為1827年歌德在威瑪（Weimar）的住家。

◆ （左圖）面值1.40法郎／歌德在寫作時魔鬼跑
　來觀看。
　圖卡為1776年由Georg Melchior Kraus繪製的歌
　德側面像。

（四）格林童話

　　西德郵局在1959年到1967年間，每年發行一套社會福利附捐郵票，郵票圖案取材自德國乃至世界著名的「格林童話」，總共發行了九套。

1. 星星變成的金幣（Die Sterntaler）

　　1959年10月1日所發行的第一套「格林童話」主題郵票為「星星變成的金幣」。

　　從前有一個小女孩，她的父母雙亡，家境非常清寒，不但沒有房子，連一張床也沒有。由於她沒有其他的親人，內心覺得很孤單，因此決定到別的地方去謀生。一些好心的人看她很可憐，就送她一件外衣和一些麵包。

　　在路上，首先遇到一位老乞丐對她說：「我實在太餓了，求求妳給我一些吃的東西吧！」小女孩就將手中的麵包送給了老乞丐，並且對她說：「願上帝保佑你！」接著繼續往前走。

　　過了不久，她看到一個小女孩向她走過來，邊哭邊說：「我的頭好冷哦！求你給我一些東西把頭包起來啊！」她就把自己的頭巾拿下來送給了小女孩。

　　當她走了一陣子，看到第二個小孩走過來，那個小男孩上身沒穿衣服，被凍得一直在發抖，她於是將外衣送給了小男孩。再往前走，遇到了第三個小孩，是個小女孩，向她要一件裙子，她也將裙子送給了這個小女孩。接著又出現了第四個小孩，向她要一件襯衫，善良的小女孩心裡想：「天已經黑了，應該沒人會看見，脫下襯衫也無妨。」於是就把襯衫送給了第四個小孩。

　　這時候，將自己所有的東西都送給別人的小女孩，身上已一無所有。她抬頭望向繁星點點的夜空，突然間，星星一顆接著一顆從天上掉下來，到了地上都變成閃閃發光的金幣，同時她的身上也披了一件料子很好的衣裳。原

來她所做的善事，感動了上帝，上帝就從天上降下金幣賞賜她，而小女孩收
集起來的金幣足夠她舒適一輩子。

◆ 面值7＋3分尼／小女孩將手中的麵包送給
　了老乞丐。

◆ 面值10＋5分尼／小女孩將外衣送給了小
　男孩。

◆ 面值20＋10分尼／小女孩將「星星變成的
　金幣」收集起來。

◆ 面值40＋10分尼／「格林童話」的作者格
　林兄弟肖像，右邊是哥哥雅各（Jacob
　Grimm, 1785～1863），左邊是弟弟威廉
　（Wilhelm Grimm, 1786～1859）。

2. 小紅帽（Das Rotkäppchen）

1960年10月1日發行的第二套「格林童話」主題郵票爲「小紅帽」。

◆ 面值7＋3分尼／小紅帽遇到一隻大野狼。
◆ 面值10＋5分尼／小紅帽問床上的婆婆：「妳的耳朵爲什麼長得那麼長？」
◆ 面值20＋10分尼／獵人拿了一把剪刀把大野狼的肚子剪開。
◆ 面值40＋20分尼／小紅帽見到了祖母。兩人中間有一個裝著葡萄酒和蛋糕的籃子。

3. 糖果屋（Hänsel und Gretel）

1961年10月2日發行的第三套主題爲原名「亨哲爾與葛蕾特」的「糖果屋」。

◆ 面值7＋3分尼／哥哥亨哲爾在森林中所撒的麵包屑被鳥兒吃掉。
◆ 面值10＋5分尼／亨哲爾與葛蕾特兄妹兩人走到巫婆的糖果屋。
◆ 面值20＋10分尼／亨哲爾被巫婆關在鐵籠裡。
◆ 面值40＋20分尼／亨哲爾背著一袋珠寶和葛蕾特回到家見到爸爸。

4. 白雪公主（Schneewittchen）

1962年10月10日發行的第四套郵票為「白雪公主」。

- ◆ 面值7＋3分尼／王后問魔鏡：「世界上誰最美麗？」
- ◆ 面值10＋5分尼／白雪公主做飯給七個小矮人吃。
- ◆ 面值20＋10分尼／王后送蘋果給白雪公主，白雪公主剛咬一口就昏倒。
- ◆ 面值40＋20分尼／白馬王子正要把白雪公主抱起來。

5. 野狼與七隻小羊（Der Wolf und die sieben Geisslein）

1963年9月23日發行的第五套郵票主題為「野狼與七隻小羊」。

- ◆ 面值10＋5分尼／七隻小羊在門口向羊媽媽說再見。
- ◆ 面值15＋5分尼／野狼用麵粉塗在手腳上面，想要騙七隻小羊。
- ◆ 面值20＋10分尼／野狼跑進屋子裡，七隻小羊趕緊躲避，最小的一隻跳進鐘擺盒裡。
- ◆ 面值40＋20分尼／野狼栽進井裡，羊媽媽和七隻小羊圍在井邊跳舞。

6. 睡美人（Dornröschen）

1964年10月4日發行的第六套郵票主題爲原名「荊棘玫瑰公主」的「睡美人」。

◆ 面值10＋5分尼／女巫跑到宮裡向小公主下詛咒。

◆ 面值15＋5分尼／公主在塔頂看到女巫改扮的老婆婆在紡紗，公主的手被紡錘刺傷。

◆ 面值20＋10分尼／王子發現昏睡在床上的公主。

◆ 面值40＋20分尼／魔咒被解除後，全城的人都醒過來，宮裡的大廚師叫小徒弟趕快把鍋子端起來。

7.灰姑娘（Aschenputtel）

1965年10月6日發行的第七套郵票主題爲「灰姑娘」。

◆ 面值10＋5分尼／灰姑娘正在餵一群白鴿。
◆ 面值15＋5分尼／兩隻白鴿銜了一件金衣裳送給灰姑娘。
◆ 面值20＋10分尼／灰姑娘的金鞋掉了，王子正要拿給她。
◆ 面值40＋20分尼／王子和灰姑娘騎著一匹白馬回王宮。

8.青蛙王子（Der Froschkönig）

1966年10月5日發行的第八套郵票主題爲「青蛙王子」。

◆ 面值10＋5分尼／公主請青蛙到井裡把掉落的金球找回來。
◆ 面值20＋10分尼／國王要求公主遵守諾言，和青蛙一起用餐。
◆ 面值30＋15分尼／被公主解除魔咒後，青蛙還原為王子，娶公主為王妃。
◆ 面值50＋25分尼／王子的忠心侍衛駕駛馬車來迎接王子和王妃。

9. 土地婆（Frau Holle）

1967年10月3日發行的第九套郵票主題為「土地婆」。

從前有一個寡婦，她有兩個女兒，大女兒長得美麗又勤勞，小女兒長得難看又懶惰。小女兒是寡婦親生的，所以非常寵愛她；大女兒則是過世丈夫的前妻所生，所以對她很苛薄，每天都叫她在井邊紡紗。有一天，她因紡紗太多而磨破了手指，傷口的血滴到紡錘上，她想用井水洗淨紡錘，卻一個不小心讓紡錘掉入井裡去。她哭著告訴後母，後母聽了很生氣，逼她把紡錘撈上來。無計可施的她，只得跳入井裡，一跳下去就失去了知覺。

等她醒來，卻發現自己躺在一塊綠油油的草地上，附近有間小木屋，她站起來走過去看一看，裡面有一位老太婆對她說：「不要怕！我就是土地婆，如果你能幫我做事，我會讓你過得很舒適。」她每天依照吩咐去做，把每件事都做得很好，果然過得很快樂。

有一天，土地婆交代她把鵝毛被裡的毛絮用力抖出來，並且對她說：「冬天來了，給大地添上一件白色的新裝吧！」她立刻抖起被子來，這時候空中就飄起了雪花，為大地帶來了初冬的景色。

冬去春來，大女兒很想念老家，土地婆知道她堅決要回家，就帶她到一座城門前，當她走到城門下面時，突然下起一陣金雨，她的全身蓋上了一層金片，土地婆說：「這些金片應該送給妳這樣勤勞的人。」然後又把以前掉到井裡的紡錘還給她。這時候城門打開了，她發現已經來到離家不遠的地方，當她走過庭院時，一隻綠色的公雞啼叫著：「咯！咯！咯！我們的金姑娘回來了。」

後母看到她帶了很多金子回來，便詢問她遭遇事情的經過。後母是個很貪心的人，希望小女兒也去碰碰運氣，所以叫小女兒將紡錘丟進井裡，接著把小女兒推入井中，她果然也遇到相同的情形。

小女兒起初還能勉強按照土地婆的交代去做事，不久就漸漸偷懶起來，到後來什麼事都不做，土地婆很生氣要趕走她，小女兒很高興，以為就要下金雨了。小女兒也被帶到城門前，當她走到城門下面時，卻下起一陣黑雨，很多柏油落在她的身上，土地婆對她說：「這是妳的工作酬勞。」接著也把紡錘還給她。小女兒全身沾滿了柏油回到家，庭院裡一隻黃色的公雞啼叫著：「咯！咯！咯！我們的髒姑娘回來了。」結果柏油緊緊地黏在小女兒身上，永遠也擦不掉了。

◆ 面值10＋5分尼／大女兒在井邊紡紗。
◆ 面值20＋10尼／大女兒認真地抖鵝毛被，空中飄起了雪花。
◆ 面值30＋15分尼／金雨落在大女兒的身上，左下方是正在啼叫的綠色公雞。
◆ 面值50＋25分尼／柏油落在小女兒的身上，右下方是正在啼叫的黃色公雞。

瑞士為挹注青少年基金，在1985年11月26日發行一套紀念雅各‧格林誕生兩百周年的附捐郵票，圖案選自「格林童話」中最有名的四則故事。

◆ 面值35＋15分／亨哲爾與葛蕾特兄妹兩人走到巫婆的糖果屋。

◆ 面值50＋20分／白雪公主和七個小矮人。

◆ 面值80＋40分／小紅帽看到一隻大野狼躺在祖母的床上。

◆ 面值90＋40分／王子將金鞋套上灰姑娘的右腳。

（五）安徒生童話

　　安徒生（Hans Christian Andersen, 1805.4.2~1875.8.4）是丹麥最著名的童話作家，作品聞名全世界。他還寫過戲劇的劇本、小說、詩歌、遊記及傳記，他所寫的童話故事集頗受大人、小朋友喜愛，是世界文學史上最常被譯為各國文字的作品之一。

　　東德在1975年11月18日發行一套小版張，紀念安徒生去世一百周年，內含三枚郵票，圖案選自「安徒生童話」最有名的《國王的新衣》，每一枚圖中皆印有德文的故事名稱「Des Kaisers neue Kleider」。印在面值下方的DDR，是德意志民主共和國的德文簡稱。

◆ 面值20分尼／兩個大騙子報告國王，他們可以織出最漂亮又神奇的布。

◆ 面值35分尼／大騙子對國王派來的兩位老臣解說如何裁製新衣。

◆ 面值50分尼／國王光著上身只佩一條綬帶在街上展示「新衣」，一位小朋友跳出來大叫：「國王沒有穿衣服！」

位於英國與法國間海峽的澤西島（JERSEY），在2005年發行一套「最受喜愛的童話故事」（FAVOURITE FAIRY TALES）專題小全張，同時紀念著名童話作家安徒生誕生兩百周年。

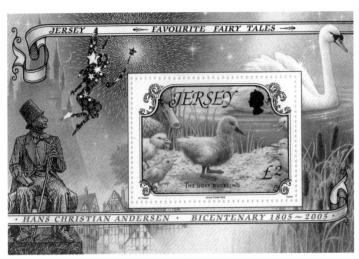

◆ 小全張內含一枚面值2英鎊的郵票，圖案選自著名童話故事《醜小鴨》（The Ugly Duckling），圖中央是醜小鴨，母鴨和一群小鴨看到牠發出驚叫聲。小全張的右上角是醜小鴨變成漂亮的白天鵝，左下角是安徒生的坐姿雕像，左上角是用雷射立體印刷術印成的「仙女拿仙女棒」。童話在英文稱為FAIRY TALES，按字義可譯成「仙女的故事」。

位於太平洋上的帛琉（PALAU）在2005年發行一套小全張及一套小版張，紀念著名童話作家安徒生誕生兩百周年。

◆ 小全張內含一枚面值2美元的郵票，圖案選自著名童話故事《賣火柴的小女孩》（The Little Match Girl），圖中央是小女孩在雪夜中點燃火柴，小全張的上方是安徒生畫像。

◆ 小版張內含三枚郵票，面值均為1美元，圖案選自「安徒生童話」系列故事書的封面，由左自右是《安徒生童話》（ANDERSEN FAIRY TALES）、《醜小鴨》（THE Ugly Duckling）、《漢斯・克利斯丁・安徒生故事》（Tales of Hans Christian Andersen），郵票的上方是安徒生畫像，下方是一隊打鼓的玩具小錫兵。

加郵站

小全張、小版張、小型張

小全張：英文稱為souvenir sheet，原意是紀念紙張，為何譯為小全張？由於一般郵票的票幅不大，在印製時為節省時間及充分利用版面，所以有一道手續稱為拼版，就是將完全相同的郵票模板一片一片地拼起來。以往票幅很小，常常縱10枚、橫10枚拼起來一版就是100枚，而近年來因為郵票的票幅加大，所以從5乘10的50枚一整張，改為4乘5的20枚一整張。整張在英文稱為full sheet，為了和紀念紙張內只含一或二枚郵票的整張有所區分，才將一大整張稱為大全張，而整體面積較小的紀念紙張稱為小全張。

小版張：英文稱為mini sheet，通常將整張所含相同圖案郵票枚數在12枚以下者，特別稱為小版張，如「mini sheet of 9」就是指內含9枚相同圖案郵票的小版張。以捷克為例，經常發行「mini sheet of 4」的藝術專題小版張。

小型張：英文稱為sheetlet，就是將小版張內含三種以上不同圖案郵票者，另外稱為小型張，最常見的是sheetlet of 4 different，就是內含四種不同圖案郵票。

（六）朱利·維恩

　　以《環遊世界八十天》聞名遐邇的科幻冒險文學作家朱利·維恩（Jules Verne），1828年出生於法國中西部羅瓦河（Loire）下游，一座瀕臨大西洋的商港南特（Nantes）。許多航海家從這裡揚帆出發，遠渡重洋，經商貿易、探險採礦成功歸來，建築雄偉城堡、豪華府第。維恩從小就渴望有朝一日能加入這個令人羨慕的行列。

　　1839年夏天，年僅11歲的維恩偷偷地潛上一艘帆船，不料在出海前被發現，回到家自然不免受到一頓痛罵。他的律師父親希望他能繼承衣缽，因此維恩高中畢業就被送到巴黎學法律。但是，相較之下，文學、戲劇比法律更吸引他，他因而興起了新念頭：希望成為一位聞名世界的大文豪！

　　維恩不顧父親的反對，決定在巴黎從事寫作生涯。當時巴黎有位出版商很想推出將教育和娛樂融會於一體的新讀物，維恩的作品正好符合出版商的構想，他以「驚奇的旅行」這個大標題，吸引不少讀者。之後維恩陸續從出版商與讀者那裡得到許多鼓勵和建議，創作出眾多符合時代新潮流的小說。

　　由於當時正值產業革命的時代，教育逐漸普及，各式各樣的新發明紛紛出籠，希望在書本上找到樂趣的讀者也與日俱增，但以往的文學作品無法滿足讀者這類的新需求。直到維恩出現，他們所渴望能夠影響未來的嶄新觀念，都能從維恩的作品中得到滿足。維恩更進一步地用他天馬行空的幻想與未來觀，引導出讀者的前瞻思維，所以文史學家尊稱他是世界級的前衛思想家，更是未來學的大鼻祖。

　　他一共寫了八十部小說，大致可分為兩大類，一類是旅遊記事，內容冒險刺激，情節扣人心弦，但充滿了浪漫氣氛，相當引人入勝，《環遊世界八十天》就是最著名代表作。另一類就是預測未來的科學幻想小說，以當代的科學知識為基礎，推測未來的各種交通工具，幻想奇異有趣的未來旅行，包

括空中、地面、海面、海底，甚至地底、月球、太空都成為故事題材的背景，最著名的代表作是《海底兩萬里》與《從地球到月球》。

　　《環遊世界八十天》敘述一位英國紳士接受打賭，必須在八十天內完成環遊世界一周，他利用當時最先進的交通工具，度過途中各種險境，終於完成當時這項不可能的任務。這部聞名全球、家喻戶曉的著作，曾由已故英國影星大衛‧尼文（David Niven, 1910~1983）擔任男主角，搬上大銀幕，港星成龍也於2004年在好萊塢老片新拍。

◆ 摩納哥在1955年6月7日發行一套維恩去世50
周年紀念郵票，以《環遊世界八十天》為主
題，圖案中央是起點倫敦塔橋，外圍從上方
開始依順時針方向分別為印地安酋長、中國
人、印度人和日本婦女。

　　而《從地球到月球》這部著名科幻鉅作，由於故事的背景取材自美國，因此其英文翻譯本在美國出版時相當轟動。可惜的是，這部名著至今仍無中文版本，故在此簡述其故事概要。

　　在美國南北戰爭期間，大砲製造商和科學家組成了一個大砲俱樂部。戰後，大砲的需求減少，許多工廠的設備都閒著無用武之地，於是會長巴比肯宣布一項空前的冒險計畫——利用大砲發射一顆載人砲彈到月球去，如此一來就可以充分利用這些設備。

大砲裝在佛羅里達州坦帕市北方的鐵山，經過妥善的安排與準備，巴比肯和尼科爾船長、冒險家阿丹三位勇士進入砲彈艙內，再將砲彈吊入大砲中，然後用電線接通引爆，將砲彈射向月球。沒想到當砲彈快要抵達月球時，卻突然出現流星，砲彈受到流星引力的影響而偏離軌道，以致無法命中月球，只得繞行月球軌道返回地球。但是砲彈在降落地球時，穿過大氣層之

後就像隕石一樣，變得又紅又熱，然後墜入太平洋中。附近有艘測量船正巧目擊砲彈落海，隨即展開搜索行動，結果徒勞無功。兩天後，砲彈浮出海面，勇士們將一幅美國國旗插在砲彈頂端，終於被救援船發現，有驚無險地獲救。

◆ 位於中西非的加彭共和國（REPUBLIQUE GABONAISE）於1970年6月10日所發行，圖案為《從地球到月球》小說中大砲彈接近月球的情形。

◆ 位於東北非的吉布地共和國（REPUBLIQUE DE DJI-BOUTI）為紀念維恩去世75週年，於1980年9月1日所發行，郵票左邊由上至下是地球、大砲彈、太陽神太空船，右邊是維恩的素描畫像及法文書名。

維恩在動筆前，曾搜集許多科學、天文等各方面的相關資料，再加以融會貫通，以便合理交代所有情節。但不可思議的是，他所構思的情節竟於日後成真。1968年，美國執行登月計畫的最後階段，其中太陽神8號太空船飛到月球上空再繞回地球的軌道，竟然和維恩筆下的砲彈飛行軌跡幾乎如出一轍，許多太空科學家在萬分驚訝之餘，也不禁對一百多年前維恩的「科幻傑作」敬佩不已。

維恩在1905年去世，享年79歲，其流傳至今的作品，成為豐富的科學文化資產，提供不少發明啟示。而最令人欽佩的，莫過於他預言成真的各種怪物和情節，維恩因此被尊稱為科學幻想小說的始祖。

位於西非的馬利共和國（REPUBLIQUE DU MALI）在1970年5月4日發行一套朱利·維恩紀念郵票，以《從地球到月球》中與當時美國太陽神太空船前往月球後再返回地球的對應情節為主題，圖案中皆有維恩的畫像。

◆ 面值50F／左邊是載太空船的火箭升空，右邊是大砲彈發射的情形，中間是生產大砲的工廠。

◆ 面值150F／左邊是登月太空船和小艇，右邊是奔向月球的大砲彈及緊跟著的「太空狗」。巴比肯將心愛的狗帶進彈艙內，但牠在發射時受到震盪，不幸傷重而死，只好將牠拋出窗外，但是狗的遺體仍因慣性作用緊跟著砲彈奔向月球。

◆ 面值300F／左邊是太空船降落在海面的情形，右邊是大砲彈浮出海面，救援船派出小艇前往救援。

朱利·維恩

39

位於西非的多哥共和國在1980年7月14日發行一套維恩去世七十五周年紀念郵票，圖案的最下邊印有法文國名「REPUBLIQUE TOGOLAISE」，最上邊的兩行法文「75e ANNIVERSAIRE DE LA MORT DE JULES VERNE」，即為「朱利‧維恩去世七十五周年紀念」之意。

◆ 面值30F／維恩晚年畫像。

◆ 面值50F／《海底兩萬里》中的情節，左上角印有法文書名「Vingt Mille Lieues sous les Mers」。鸚鵡螺（Nautilus）號潛水艦航行到印度洋中的錫蘭島附近，內摩艦長（Captain Nemo）和阿羅那教授（Professor Arronax）在海底潛游，察看世界著名的珍珠採集場，當時有一位採珠潛水夫受到鯊魚攻擊，內摩艦長持刀前去解救，後來潛水夫就被送到潛水艦內，成為內摩艦長的屬下。

◆ 面值60F／《從地球到月球》中的情節，右上角印法文書名「De la Terre à la Lune」。冒險家阿丹（Ardan）首先進入載人的大砲彈，站在入口處向送行者揮手致意並且大聲喊叫：「神奇萬歲！」尼科爾船長（Captain Nicholl）緊跟著走上去，爬在木梯最下面的是大砲俱樂部（Gun Club）的會長巴比肯（Barbicane）。

◆ 面值80F／《環遊世界八十天》中的情節，右邊印有法文書名「Le Tour du Monde en quartre-vingts Jours」。男主角弗格先生（Fogg）的男僕琶塞帕土（Passepartout）在印度密林中用計救出將被迫殉葬的美女阿歐達（Aouda），趕緊跳上藏在樹林裡的大象脫離險境。

◆ 面值100F／《從地球到月球》中的情節，左上印有法文書名「De la Terre à la Lune」。大砲彈奔向月球，圖案中的大砲彈被畫家描繪成幻想中的一列太空火車。

◆ 面值200F／《海底兩萬里》中一個緊張的情節，右上印有法文書名「Vingt Mille Lieues sous les Mers」。加拿大籍的海底探險家尼得蘭（Ned Land）被大章魚的觸角捲住，內摩艦長穿潛水衣手持斧頭趕來搭救，附近有些海底星魚。

　　馬利共和國在1980年6月30日發行一套維恩去世七十五周年紀念郵票，共四枚，圖案選自《環遊世界八十天》及《從地球到月球》中的情節，本套的最大特徵就是郵票的形狀為三角形，並且附一枚無面值的三角形貼紙。本套剛發行時，由於票形與設計都很特殊，而且面值又低（當時美國郵商的零售價才1.20美元），因此吸引不少郵迷購買，後來還造成郵商調不到貨的罕見現象。

◆ 面值100F（左）／《環遊世界八十天》中的情節，郵票上方是當時越洋的蒸汽輪船，左邊是男僕琶塞帕土提著行李、弗格先生挽著美女阿歐達，右邊是三人乘火車經過美國西部時受到印地安人的攻擊。
　對角貼紙的圖案主題是1980年代最風光的協和式超音速噴射客機。
◆ 面值100F（右）／協和式超音速噴射客機。
　貼紙的圖案是《環遊世界八十天》中十九世紀的蒸汽輪船。
◆ 面值150F／《從地球到月球》中的情節，郵票圖案從左到右分別是地球、大砲彈奔向月球、進入大砲彈的三位勇士。
　貼紙的圖案是太空人在月球上探測，他的背後是地球。
◆ 面值150F／現代太空人登陸月球的情節，圖案左邊是登月太空船、上邊是地球、右邊是登月太空人。
　貼紙的圖案是《從地球到月球》中的大砲彈。

二、方寸間的音樂

（一）音樂家

　　以音樂家而論，「莫札特」專題郵票的發行種類最多，最主要是1991年正逢莫札特去世兩百周年，各國爭相發行紀念郵票。其次是「貝多芬」，在他誕生兩百周年的1970年，東歐、前法國所屬西非各國都發行紀念郵票共襄盛舉。而在1985年，適逢「巴哈」、「韓德爾」兩位大師誕生三百周年，曾為英國屬地的各個國家紛紛發行紀念郵票及小全張，歐洲共同體也宣布該年為「歐洲音樂年」（European Music Year），東、西歐各國皆為了紀念兩位大師而發行郵票。2001年「威爾第」逝世一百周年，不少前英國屬地國家發行紀念小版張及小全張……。

　　由此可知，音樂家主題郵票問世的時間點，多半是在誕生或逝世的百周年。因此，讀者若有心收集心儀音樂家的紀念郵票，別忘了先做好功課，以免錯失良機。

1. 世界第一套音樂家專題郵票

　　奧地利（ÖSTERREICH）在1922年4月24日發行一套附捐郵票，附捐金額與面額的比例是9：1，也就是以面額的十倍價格出售，例如面額10K的售價是100K，而附捐的款項則作為接濟音樂家之用。當時的雕刻版印刷術只能印單色，所以圖案設計者必須絞盡腦汁，描繪出各式各樣的花邊來襯托主題。這套以奧地利最著名的音樂家為主題的郵票，雕工紋路十分細緻，堪稱古典郵票中的經典之作。

◆ 面額2又1/2 KRONEN／海頓（Franz Josef Haydn）

◆ 面額5 KRONEN／莫札特（Wolfgang Amadeus Mozart）

◆ 面額7又1/2 KRONEN／貝多芬（Ludwig van Beethoven）

◆ 面額10 KRONEN／舒伯特（Franz Schubert）

◆ 面額25 KRONEN／布魯克納（Anton Bruckner）

◆ 面額50 KRONEN／小約翰·史特勞斯（Johann Strauss）

◆ 面額100 KRONEN／沃爾夫（Hugo Wolf）

2. 德國第一套音樂家專題郵票

德國（Deutsches Reich）在1935年6月21日發行一套偉大音樂家的專題郵票。

◆ 面值6分尼／舒茲（Heinrich Schutz），紀念舒茲350周年誕辰。
◆ 面值12分尼／巴哈（Johann Sebastian Bach），紀念巴哈250周年誕辰。
◆ 面值25分尼／韓德爾（Georg Friedrich Händel），紀念韓德爾250周年誕辰。

3. 音樂郵迷心中最具份量的小全張

西德在1959年9月8日發行一套極為精緻的小全張，主要是慶祝位於西德首都波昂，瀕萊茵河畔的貝多芬館落成啓用，以及紀念五位偉大的作曲家。小全張最上方所印製的「EINWEIHUNG DER BEETHOVEN-HALLE ZU BONN」，即為「在波昂的貝多芬館啓用」之意。

小全張內含五枚郵票，正中央面值20分尼的是貝多芬（Ludwig van Beethoven），左右背景是選用貝多芬名作，第9號交響曲《合唱》第四樂章二重賦格部分的親筆手稿。下排郵票由左至右分別是：

◇ 面值10分尼／去世200周年的韓德爾，「十 14. IV. 1759」表示在
1759年4月14日去世。

◇ 面值15分尼／去世100周年的著名小提琴家兼指揮家路易‧史波爾
（Louis Spohr），「十 22 ‧X ‧1859」表示在1859年10月22日去世。

◇ 面值25分尼／去世150周年的海頓，「十 31 ‧V ‧1809」表示在1809
年5月31日去世。

◇ 面值40分尼／誕生150周年的孟德爾頌（Felix Mendelssohn），「＊ 3 ‧
II ‧1809」表示在1809年2月3日誕生。

這套小全張的發行量雖然高達四百七十七萬一千張，但在發行當時，被
一般民眾者公認為最有紀念意義、也是設計印刷最為精美的一套音樂紀念小

全張，所以發行首日各地郵局幾乎全都賣光。小全張的面額是1.10西德馬克（依當時匯率約合美金0.30元），世界各國郵商紛紛登出高價收購的廣告，其中美國郵商的零售價高達3美元，創下當時在最短期間內漲幅最大的郵品紀錄。

「3美元」依當年官方匯率約合新台幣120元，對當時的台灣郵迷而言是個大數目（一般基層公務員的月俸還不到新台幣1000元），買得起的郵迷實在太少了，因此台北郵市曾流傳：「買一張外國紙，一個禮拜不要吃飯」。愛郵票如癡的我，也是直到1969年暑假，積了兩個月的零月錢，才委託台北郵商向紐約著名的批發郵商Stolow訂購，以新台幣380元買到這套夢寐已久的珍郵（當時美國郵商的特價是8美元）。

由於這款小全張大都被郵迷珍藏起來，除了少數貼在首日封上或加蓋首日紀念郵戳以外，一般人都捨不得作實際貼信之用，而西德郵局在發行時曾公告此小全張最後的使用有效日期是1961年12月31日，所以在非發行首日郵寄的信封，就成爲郵品拍賣會中收藏家的注目焦點。

上圖中小全張背後的信封，即是我在十年前以30美元從紐約郵商那裡標下來的航空郵件信封（左下角可見By Air Mail），上面蓋有「NÜRNBERG 15. 10. 59.」（紐倫堡1959年10月15日）的郵戳，寄信者在小全張右上角用鋼筆寫上的「Kanada」，就是德文的加拿大。

4. 舒茲、巴哈、韓德爾的肖像再度同台出現

東德在1985年3月19日發行一枚小版張，內含三枚郵票及貼紙（無面值），由上而下分別爲紀念巴哈及韓德爾三百周年誕辰、舒茲四百周年誕辰，面值是10、20、85分尼，面值之下印有出生及去世年份1685-1750、1685-1759、1585-1672。這是此三人繼1935年首度出現於同一套郵票後，相隔五十年再度同台。附票樂譜由上到下分別是：

◇ 1750年巴哈的最後手稿《賦格曲之技巧》。

　（德文：BACHS LETZTE HANDSCHRIFT 1750, KUNST DER FUGE）

◇ 1961年哈雷出版商所印，韓德爾作品6《大協奏曲》第5號第5樂章快板部分。

　（德文：HALLESCHE HAN-DELAUSGABE 1961, CON-CERTO GROSSO OPUS 6 NR 5, 5 SATZ ALLEGRO）

◇ 1648年舒茲德勒斯登初版的《聖樂合唱曲》第4號。

（德文：ERSTDRUCK DRESDEN 1648, GEISTLICHE CHOR-MUSIC NR 4）

加郵站

貼紙

　　英文稱為label，一般直譯為「標籤」。在集郵名詞稱為「貼紙」，是因為它可以貼在郵件上而得名，它與郵票的外表相似，印上郵資的貼紙就稱為郵票，沒印郵資就稱為貼紙。貼紙和一般郵票相連，貼紙上面的圖案和郵票的圖案有密切關聯，但大都屬於陪襯說明角色，由於近年來各國郵局都十分注重郵票圖案的設計，所以發行小全張或小型張時都會在郵票的周邊附加圖案有趣的貼紙以吸引郵迷購買。

5. 世界著名的音樂家肖像同台出現

　　位於非洲的剛果共和國（REPUBLIQUE DU CONGO）在2000年發行一款以世界著名音樂家為主題的小版張，內含六枚郵票。

◇ 左上：李斯特　FRANZ LISZT（1811-1886）
◇ 右上：貝多芬　LUDWIG VAN BEETHOVEN（1770-1827）
◇ 左中：巴哈　JEAN-SEBASTIEN BACH（1685-1750）
◇ 右中：韓德爾　GEORG FRIEDRICH HAENDEL（1685-1759）
◇ 左下：華格納　RICHARD WAGNER（1813-1883）
◇ 右下：莫札特　WOLFGANG AMADEUS MOZART（1756-1791）

位於非洲的幾內亞共和國（République de Guinée）在2002年發行兩款小版張，內各含三枚郵票，主題同樣介紹世界著名的音樂家。

（由左至右）

◆ 韋瓦第　Antonio Vivaldi 1678-1741，左下印有國際扶輪社的標記。

◆ 巴哈　Johann Sebastian Bach 1685-1750，右下印有國際獅子會的標記。

◆ 韓德爾　Georg Friedrich Händel 1685-1759，右下印有國際扶輪社的標記。

（由左至右）

◆ 李斯特　Franz Liszt 1811-1886，右上印有國際獅子會的標記。

◆ 貝多芬　Ludwig van Beethoven 1770-1827，左下印有國際扶輪社的標記。

◆ 理查‧史特勞斯　Richard Strauss 1864-1949，左中印有國際獅子會的標記。

6. 舒曼逝世一百週年紀念郵票的大烏龍

　　東德（郵票底排DEUTSCHE DEMOKRATISCHE REPUBLIK字樣，即為德意志民主共和國）在1956年7月20日發行舒曼逝世一百周年紀念郵票，一套共兩枚，圖案相同，只不過面值10分尼刷綠色，20分尼刷紅色。但是圖案設計者克特‧愛格勒（Kurt Eigler）卻擺了個烏龍，他採用舒伯特1815年的作品《飄泊者之夜曲》（Wanderer's Nachtlied，歌詞原為德國文豪歌德作品）樂譜作為背景，發行當天眼尖的音樂郵迷立即發現用錯歌譜，而消息一傳開後，連沒有集郵習慣的民眾也紛紛到郵局排隊搶購，郵政當局才知道圖案設計出了大錯，於是下令在7月23日停止出售。

　　同年10月8日，東德郵政重新發行這套紀念郵票，仍維持兩枚形式，但背景的歌譜已更正為舒曼在1840年根據詩人埃亨多夫（Eichendorff）的詩集，譜成共包含十二首曲子的作品《歌曲集》（Liederkreis），其中第五首《月夜曲》（Mondnacht）的親筆手稿。

　　圖案設計錯得離譜的郵票可是難得一見，因此不僅東德民眾爭相收藏，西德民眾也很快加入收集行列，加上東德郵政當局在7月23日同時公告錯票只能用到當年9月30日，結果使得大多數的錯票都在沒有使用過的情況下被保存起來，貼在郵件的錯票反而少見。

　　而正票的情形卻是相反，大部分都被貼用了，未使用的留存者較少。依目前的行情來看，未使用的正票一套大約12歐元，未使用的錯票則約5歐元，而最珍貴的是7月20日發行當天蓋上紀念郵戳的錯票實寄首日封。

◆ 誤植舒伯特樂譜的錯票。　　　　　◆ 更正背景樂譜後重新發行的正票。

音樂家

7. 偉大音樂家的肖像獨秀

李斯特

　　匈牙利（MAGYAR）在1961年10月2日發行一套小全張，紀念該國最偉大的音樂家李斯特誕生一百五十周年、去世七十五周年，內含一枚面值10Ft的郵票，圖案為李斯特燙金側面頭像，頸項左下是桂葉枝繫著紅、白、綠三色的匈牙利國旗，表示向「李斯特」致敬的尊榮象徵，頭像下面是李斯特的簽名。因為李斯特是世界上最著名的鋼琴家，所以圖案設計者就以鋼琴的黑白鍵作為背景，雖然構圖簡單，但令人有樸實高雅之感。由於發行量只有十一萬六千七百三十四張，在歐美集郵界造成自1959年西德發行貝多芬館小全張以來的另一個新高潮，當時紐約郵商的零售價是3美元，經過了四十多年，目前品項良好的零售價約為12至15美元。

郵此一說

　　小全張上方所印的「LISZT FERENC」，是李斯特的匈牙利文姓名，匈牙利人的祖先原居住在亞洲北方，所以匈牙利人的姓名排序和漢人相同，先姓後名，「LISZT」是姓、「FERENC」是名，德文的姓名則為「FRANZ LISZT」。

貝多芬

　　東德（DDR）在1970
年12月10日發行一套紀念
貝多芬誕生兩百周年的小
全張，內含一枚郵票，面
值1M（東德馬克），圖案
為貝多芬畫像，共發行一
百九十萬張。

巴哈

　　位於西非的幾內亞比索共和國（獨立前是葡萄牙屬地REPUBLICA DA
GUINE BISSAU）在1985年發行一套小全張，紀念巴哈誕生三百周年，內含

一枚面值100P（披索）的郵票，
圖案正中央是巴哈肖像，背景是
萊比錫聖湯瑪斯教堂的管風琴，
左下角是聖湯瑪斯教堂（原本於
十二至十三世紀興建，現在哥德
式的教堂是在1496年改建完成，
成為萊比錫地標的尖塔則是建造
於1702年）的外觀，右下角是樂
譜手稿。巴哈在1723年至1750年
擔任聖湯瑪斯教堂的聖樂隊指揮
及管風琴師期間，聖湯瑪斯教堂
的聖樂隊通常會在復活節和聖誕
節的大彌撒中舉行盛大音樂會。

莫札特

　　東德在1981年1月13日發行兩百萬張紀念莫札特誕生兩百二十五周年的小全張，內含一枚莫札特肖像的郵票，小全張的下半部是莫札特的著名歌劇《魔笛》第一幕的部分親筆樂譜，小全張的最上方印有兩行德文：「AUSSCHNITT AUS DEM AUTOGRAPH DER ZAUBERFLÖTE VON W.A. MOZART」，即「莫札特所作《魔笛》的部分親筆樂譜」之意；「DEUTSCHE STAATSBIBLIOTHEK BERLIN · HAUPT-STADT DER DDR」，即樂譜珍藏於「德意志民主共和國首都 · 柏林的德意志國家圖書館」之意。

奧地利共和國（REPUBLIK ÖSTERREICH）在1991年3月22日，莫札特辭世滿兩百周年之際，發行一套紀念小全張，內含兩枚郵票，左側為莫札特肖像，右側是莫札特歌劇作品《魔笛》中，塔米諾（Tamino）吹著長笛和帕米娜（Pamina）的雕像，兩枚郵票中間是一枚無面值的貼紙，主題是莫札特出生時的住宅（位於奧地利的薩爾茲堡）。

同樣為紀念莫札特去世兩百周年發行郵票的還有德國，1991年11月5日發行的一款小全張，內含一枚莫札特肖像郵票，小全張的左半部是《魔笛》在1791年首度公演的海報，正中央是劇中捕鳥人巴巴吉諾（Papageno）的劇裝。印在小全張右下邊的一行德文「200 JAHRE URAUFFÜHRUNG DER ZAUBERFLÖTE 1791」，即為「1791年《魔笛》首度公演兩百周年」之意。

威爾第

位於加勒比海的安地瓜與巴布達（Antigua & Barbuda）在2001年發行一款小全張及一款小版張，紀念偉大的歌劇作家威爾第逝世一百周年。

◆ 小全張內含一枚面值5元的郵票，圖案為威爾第肖像，小全張的中央是威爾第著名歌劇《阿伊達》（Aida）的樂譜，下方的「The inn at Le Roncole near Busseto, Italy」，即為「義大利，靠近布塞托在隆科爾的客棧」之意，「Birthplace of Giuseppe Verdi」則意指「朱瑟貝‧威爾第的出生地」。

◆ 小版張內含四枚郵票，面值均為2元，左上是威爾第，右上為著名歌劇《唐‧卡羅》（Don Carlos）的樂譜，左下繪出威爾第指揮樂團的情景和《阿伊達》的樂譜，右下則為著名歌劇《弄臣》（Rigoletto）的樂譜。

葛魯克

　　西德（DEUTSCHE BUNDESPOST，德意志聯邦郵政）在1987年11月6日發行作曲家葛魯克（Christoph Willibald Gluck, 1714~1787）逝世兩百周年紀念郵票，背景圖案是歌劇《阿米德》（Armide）的樂譜。

帕格尼尼

　　摩納哥（MONACO）在1982年11月8日，發行義大利小提琴家帕格尼尼（Niccolò Paganini, 1782~1840）誕生兩百周年的紀念郵票。

韋伯

　　西德在1976年5月13日，為著名歌劇作曲家韋伯（Carl Maria von Weber, 1786~1826）發行去世一百五十周年紀念郵票，圖案是韋伯指揮歌劇《魔彈射手》（Die Freischütz）的三個神情。

羅西尼

　　義大利（ITALIA）在1968年10月25日發行羅西尼（Gioacchino Rossini, 1792~1868）逝世一百周年的紀念郵票。

舒伯特

　　印度（INDIA）在1978年12月25日發行奧地利作曲家舒伯特去世一百五十周年紀念郵票。

白遼士

　　法國（REPUBLIQUE FRANÇAISE）為紀念作曲家白遼士（Hector Berlioz, 1803~1869）誕生一百八十周年，在1983年1月22日發行紀念郵票。

蕭邦

　　法國在1956年11月10日，發行作曲家兼鋼琴家蕭邦（Frédéric François Chopin, 1810~1849）的紀念郵票。

奧芬巴哈

　　法國在1981年2月14日發行作曲家奧芬巴哈（Jacques Offenbach, 1819~1880）去世一百周年的紀念郵票。

史麥塔納

　　捷克斯拉夫（ČESKOSLOVENSKO）為紀念史麥塔納（Bedřich Smetana, 1824~1884）誕生一百五十周年，在1974年1月4日發行紀念郵票。

小約翰・史特勞斯

　　摩納哥在1975年11月12日，發行被稱為「圓舞曲之王」（The Waltz King）的奧地利作曲家小約翰・史特勞斯，誕生一百五十周年的紀念郵票。

布拉姆斯

　　西德在1983年5月5日，著名作曲家布拉姆斯（Johannes Brahms, 1833~1897）誕生一百五十周年時發行紀念郵票。

比才

　　法國在1960年6月11日發行比才（Bizet, 1838~1875）的紀念郵票，圖案左邊是比才肖像，右邊是比才的兩大名作《阿萊城姑娘》（L'ARLESIENNE）及《卡門》（CARMEN）樂譜封面、扇子和鈴鼓。

柴可夫斯基

蘇聯（CCCP爲蘇聯的俄文簡寫）在1974年5月22日，爲第五屆柴可夫斯基國際鋼琴比賽發行紀念郵票，左邊是柴可夫斯基（Piotr Ilich Tchaikovsky, 1840~1893）肖像，右邊是比賽標誌，其中「V」字表示第五屆。

德弗札克

捷克斯拉夫在1954年5月22日發行作曲家德弗札克（Antonín Dvořák）的郵票，以紀念他去世五十周年，並宣揚「捷克音樂年」。

葛利格

挪威（NORGE）在1983年5月3日，發行作曲家葛利格

（Edvard Grieg, 1843~1907）誕生一百四十周年的紀念郵票，圖案左邊是葛利格，右邊是他的作品16《a小調鋼琴協奏曲》（KONZERT）。

浦契尼

　　義大利在1974年8月16日，發行著名歌劇作家浦契尼（Giacomo Puccini, 1858~1924）去世五十周年紀念郵票。

馬勒

　　奧地利共和國在1960年7月4日，為誕生一百周年的作曲家馬勒（Gustav Mahler, 1860~1911）發行紀念郵票。

帕德雷夫斯基

　　波蘭（POLSKA）在1960年9月26日，發行鋼琴演奏家帕德雷夫斯基（Ignacy Jan Paderewski, 1860~1941）誕生一百周年的紀念郵票。

德布西

　　法國在1940年11月12日發行德布西（Claude Debussy, 1862~1918）紀念郵票，圖案左邊是德布西肖像，右邊是1894年的舞劇音樂作品《牧神的午後前奏曲》（Prélude à "L'après-midi d'un faune"）中，牧神在吹笛的幻境圖。

理查・史特勞斯

　　西柏林在1954年9月18日，著名作曲家兼指揮家理查・史特勞斯逝世五周年發行紀念郵票，圖案是理查・史特勞斯拿著指揮棒專心指揮的神情。本圖為蓋有發行首日紀念郵戳，畫家L. Nauer繪製的理查・史特勞斯油畫像原圖卡。

西貝流士

　　羅馬尼亞（ROMANA）在1965年5月10日，為芬蘭作曲家西貝流士（Jean Sibelius, 1865~1957）誕生一百周年發行紀念郵票。

托斯卡尼尼

　　義大利在1967年3月25日，發行以著名指揮家托斯卡尼尼（Arturo Toscanini, 1867~1957）誕生一百周年為主題的紀念郵票。

馮威廉斯

　　英國在1972年4月26日，發行交響曲作家兼指揮家馮威廉斯（Ralph Vaughan Williams, 1872~1958）誕生一百周年的紀念郵票，圖案為馮威廉斯指揮的神情，背景則是他的作品《海交響曲》（A Sea Symphony）樂譜。

卡羅素

　　義大利在1973年12月15日，
發行世界著名的歌劇演唱家卡羅素
（Enrico Caruso, 1873~1921）誕生
一百周年紀念郵票。

史托爾茲

　　西柏林在1980年8月14日，
為著名指揮家史托爾茲
（Robert Stolz, 1880~1975）誕
生一百周年發行紀念郵票。活
了95歲的史托爾茲，在音樂家
中算是難得的長壽者。

巴爾托克

蒙古（MONGOLIA）在1981年11月16日發行一套偉大的音樂家郵票，其中面值40分的這張，右邊是匈牙利作曲家巴爾托克（Béla Bartók, 1881~1945）肖像，左邊是他1919年的歌舞劇作品《奇異的滿洲官》（匈牙利文是A csodálatos mandarin，英文為The Miraculous Mandarin）。

福特萬格勒

西柏林在1955年9月17日發行著名指揮家福特萬格勒（Wilhelm Furtwängler, 1886.1.25~1954.11.30）的郵票，以紀念他逝世一周年及宣揚1955年9月的柏林音樂節，郵票上是福特萬格勒指揮的神情。音樂家在去世不到一年，肖像就能登上郵票者，福特萬格勒在音樂郵票史上算是第一位，由此可知其受到歡迎和尊敬的程度。

（二）聖詩、國歌

奧地利共和國在1987年
11月27日發行一枚當年度的
聖誕（WEIHNACHTEN）郵
票，下面印有世界最著名、
也最流行的聖詩《平安夜》
（Stille Nacht, Heilige Nacht）
歌譜開頭的四個小節，橢圓
形內左邊是作詞者莫爾神父
（JOSEPH MOHR），右邊是
作曲者音樂老師葛魯伯
（FRANZ GRUBER）。

位於南太平洋的萬那杜（VANUATU）在1987年10月11日發行一套聖誕
郵票，選用著名聖詩作為主題。

◆ 面值20分／《Away in a manger》，被改編成台語聖詩第385首《在一個馬槽裡》。

◆ 面值45分／《Once in Royal David's City》，被改編成台語聖詩第77首《昔於大闢王的城裡》。

◆ 面值55分／《While shepherds watched their flocks》，被改編成台語聖詩第87首《牧者看守他們的羊群》。

◆ 面值65分／《We three Kings of Orient are》，意為「我們是三位東方的王」。

英國屬地直布羅陀（GIBRALTAR）在1991年發行一套聖誕郵票，圖案主題選用著名的聖詩樂譜與插畫。

◆ 面值4便士／《ONCE IN ROYAL DAVID'S CITY》，被改編成台語聖詩第77首《昔於大闢王的城裡》。
◆ 面值24便士／《SILENT NIGHT》，被改編成台語聖詩第79首《平安夜！聖誕夜！》
◆ 面值25便士／《ANGELS WE HAVE HEARD ON HIGH》，意為「我們聽到天使在高處」。
◆ 面值49便士／《O COME ALL YE FAITHFUL》，被改編成台語聖詩第92首《請來忠信聖徒》。

荷蘭（Nederland）在1968年8月27日發行一枚國歌制定四百年紀念郵票，上方印著國歌名「Wilhelmus van Nassouwe」，即「那所威的威赫姆」之意，「威赫姆」就是荷蘭的創建者，屬於「那所威」族。該族族旗的底色是橘色，所以郵票上的歌名、國名都是橘色，中間的紅、白、藍三道色條則代表荷蘭國旗，構圖簡單，但意涵豐富，本枚郵票的設計堪稱難得佳作。

法國（R F）於1936年6月27日發
行國歌作曲、作詞者盧傑・德・李爾
（Rouget De Lisle, 1760~1836）去世一
百周年紀念郵票，圖案爲盧傑・德・
李爾唱法國國歌《馬賽曲》（L A
MARSEILLAISE）的立姿銅像。1792
年4月24日，駐紮於史特拉斯堡的工兵
部隊中尉盧傑・德・李爾，爲制定萊
茵軍的軍歌而創作出這首歌，不久傳
遍各地，6月25日有人在馬賽的公開場
合演唱，後來馬賽的志願軍在進軍巴
黎時也沿途高唱這首軍歌，《馬賽曲》
之名因此傳開，到了1795年7月15日
正式被制定爲國歌。

—

烏拉圭（URUGUAY）在
1971年5月19日發行一枚國歌郵
票，最上方印有一行西班牙文
「HIMNO NACIONAL DE LA
REPUBLICA ORIENTAL DEL
URUGUAY」，意即「烏拉圭東方
共和國國歌」，圖案爲國歌的歌譜
與歌詞，左上角是烏拉圭國徽。

（三）歌劇、樂團

　　匈牙利（MAGYAR）在1967年9月26日發行一套世界著名歌劇郵票，每一枚郵票的左下方皆印上歌劇的象徵「面具和豎琴」，堪稱歌劇專題郵票中最具代表性、圖案最精美的一套。

◆ 面值20f／俄國作曲家鮑羅丁（Borogyin）的《伊戈爾王子》（Igor herceg）。

◆ 面值30f／韋伯的《魔彈射手》（A büvös vadász）。

◆ 面值40f／莫札特的《魔笛》（Varázsfu-vola）。

◆ 面值60f／巴爾托克的《藍鬍子爵主城堡》（Akékszakállú herceg vára）。

◆ 面值８０f／比才的《卡門》
　（Carmen）。

◆ 面值１Ft／威爾第的《唐·卡羅》
　（Don Carlos）。

◆ 面值1.70Ft／華格納的《唐懷瑟》（Tannhäuser）。

◆ 面值3Ft／厄克爾（Erkel）的《珺雅第·拉斯羅》（Hunyadi László）。厄克爾是匈牙利的國歌
　作曲家，珺雅第是匈牙利的英雄人物，郵票圖案是珺雅第和愛人瑪莉亞（Maria）。

奧地利共和國在1986年5月21日發行郵票，紀念在維也納舉行的華格納國際會議（INTERNATIONALER RICHARD WAGNER・KONGRESS・WIEN），圖案中央是華格納肖像，背景是華格納的歌劇《羅恩格林》（Lohengrin）中「天鵝引導的小船，船上載著武士羅恩格林」。

圖為蓋有發行首日紀念郵戳的原圖卡，郵戳下面是華格納的簽名。

1955年7月25日，爲慶祝維也納的「國家歌劇院」（Die Staatsoper in Wien）經整修後重新啓用，奧地利共和國發行紀念郵票。該院原於1861年動工、1869完工，第二次世界大戰期間受到破壞，戰後開始整修。

西柏林在1965年10月23日發行兩枚屬於「新柏林」（Das Neue Berlin）系列的通用郵票。

◆ 面值15分尼／新建的「柏林歌劇院」
　（Deutsche Oper）。
◆ 面值20分尼／新建的「新愛樂廳」
　（Neue Philharmonie）。

　　匈牙利在1984年9月27日發行
一款小全張，紀念布達佩斯的歌劇
院啓用一百周年，內含一枚面值
20Ft的郵票，圖案是布達佩斯歌劇
院的正面圖，小全張的右邊是歌劇
院的內部平面圖，右下角的
「087361」數字爲發行編號，它的
發行總量是二十五萬一千三百張。

　　東德在1985年2月12日發行一種小全張，
紀念德勒斯登的杉普歌劇院（SEMPEROPER，
得名於建築設計師Gottfried Semper， 1837年
興建，1841年完工）重新啓用，內含一枚郵
票，面值85分尼，圖案是整修後的歌劇院，小
全張的下半部是德勒斯登全市在1945年2月13
日遭受盟軍大轟炸後受損的歌劇院，左下方的
德文「Dresden mahnt！」，即爲「德勒斯登 要
記住！」之意。

郵此一說

　　第二次世界大戰期間，德勒斯登位於全德國的中心位置，是當時內陸的交通中心，1945年初盟軍決定「提早結束戰爭，必須癱瘓德國的運輸樞紐」，於是下令英、美兩國轟炸機在2月13日對德勒斯登做夜間大空襲，共投下2600噸炸彈，全市百分之八十五的建築物全毀，死亡人數超過13萬，這場當地民眾稱為「最恐怖之夜」的浩劫，當然「要記住！」。

◆ 匈牙利在1975年11月14日發行一套郵票，紀念李斯特音樂學院創立100周年，圖案左邊是高音部記號，中間是管風琴和交響樂團，背景由左至右以紅、白、綠為底色，象徵匈牙利的國旗。

◆ 奧地利共和國在1975年10月30日發行一套紀念郵票，慶祝維也納交響樂團（WIENER SYMPHONIKER）成立75周年，郵票中是一位琴師在拉大提琴。

（四）樂器

瑞士（HELVETIA）在1985年5月28日發行一套文化活動附捐郵票，圖案選用瑞士製造的樂器。

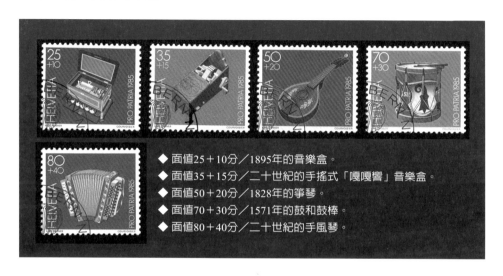

◆ 面值25＋10分／1895年的音樂盒。
◆ 面值35＋15分／二十世紀的手搖式「嘎嘎響」音樂盒。
◆ 面值50＋20分／1828年的箏琴。
◆ 面值70＋30分／1571年的鼓和鼓棒。
◆ 面值80＋40分／二十世紀的手風琴。

澳門（MACAU）在1986年5月22日，為紀念當年的美國芝加哥郵展（AMERIPEX 86），發行一套以中國傳統樂器為主題的郵票。

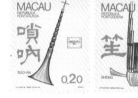

◆ 面值0.20澳門幣／「嗩吶」（SUO-NA）。
◆ 面值0.50澳門幣／「笙」（SHENG）。
◆ 面值0.60澳門幣／「二胡」（ER-HU）。
◆ 面值0.70澳門幣／「阮」（RUAN）。
◆ 面值5.00澳門幣／「箏」（CHENG）。
◆ 面值8.00澳門幣／「琵琶」（PI-PA）。

（五）芭蕾舞

　　《胡桃鉗》原來是一則德國童話故事，其中的情節被改編爲芭蕾舞劇，由俄國名作曲家柴可夫斯基配樂，1892年12月18日首次在當時俄國的首都聖彼得堡上演，舞劇共兩幕三場。

　　它的故事發生於十九世紀初期德國的紐倫堡。一位製造神奇玩具和時鐘的巧匠，發明了捕鼠器殺死了許多老鼠。鼠后爲了報仇，下咒將他的姪兒變成一個胡桃鉗玩偶。若要破除魔咒，胡桃鉗玩偶就必須殺死鼠王，以及贏得一位年輕女孩的眞愛。

　　第一幕：巧匠受邀參加聖誕舞會，他知道他的教女克拉拉將出現在舞會上，而鼠王和他的隨從會跑來偷麵包，於是他就帶著胡桃鉗玩偶去。當賓客離開會場，巧匠在幻想中將克拉拉帶入夢的世界，時間也暫時停止。鼠王和隨從終於出現，經過一場可怕的戰鬥，胡桃鉗玩偶在克拉拉的幫助下，殺死了鼠王，終於破解了魔咒。接著巧匠將這對情侶送上神奇之旅，經過雪地來到蜜糖王國。

　　第二幕：在蜜糖王國他們受到王子和糖球仙女的歡迎，並且以豪華盛大的宴會來招待他們。最後夢消失了，這對情侶回到舞會現場，巧匠也發現他的姪兒恢復了原狀。

　　俄國（ROSSIJA）在1992年11月4日發行一套四方連（block of four）郵票，紀念柴可夫斯基創作的《胡桃鉗玩偶組曲》出演一百周年。

◆ 左上：面值25p／聖誕
　舞會。
◆ 右上：面值10p／中間
　站著三個玩偶兵，背景
　是玩偶在夢世界變成真
　人，殺死鼠王。
◆ 左下：面值10p／三個
　穿軍裝的玩偶。
◆ 右下：面值25p／在蜜
　糖王國的芭蕾舞會。

　　蘇聯在1958年3月18日發行一套柴
可夫斯基紀念郵票，中間面值40K的圖
案是《天鵝湖》芭蕾舞劇。柴可夫斯基
在1875年受託將童話故事《天鵝公主》
改編成芭蕾舞音樂劇，1877年2月在莫斯
科皇家歌劇院首演。

　　蒙古在1981年11月16日發
行一套偉大音樂家的郵票，其
中面值60分的柴可夫斯基郵
票，左邊是他的肖像，右邊是
芭蕾舞劇《天鵝湖》。

摩納哥在1982年11月8日，為俄國最著名的芭蕾舞蹈家安娜‧巴夫洛娃（Anna Pavlova, 1882~1931）發行郵票，紀念她誕生一百周年。安娜‧巴夫洛娃的表演風格優雅，動作富有詩意，舞姿頗具魅力，1914年起曾在世界各大都市的劇院巡迴演出，佳評如潮，轟動一時。

奧地利共和國在1967年2月15日，為紀念小約翰‧史特勞斯創作的華爾滋舞曲《藍色多瑙河》滿100歲（100 JAHRE WALZER AN DER SCHÖNEN BLAUEN DONAU），發行一套郵票，圖案是一位芭蕾舞者右手握著一把小提琴。

三、方寸間的名畫

（一）達文西與《蒙娜麗莎》

　　右為第一枚《蒙娜麗莎》（MONA
LISA）名畫郵票，由西德在1952年發
行。西德郵局（DEUTSCHE BUNDE-
SPOST）在1952年4月15日發行一枚達
文西（Leonardo da Vinci, 1452~1519）
誕生五百周年紀念郵票，圖案主題就是
世界知名的《蒙娜麗莎》畫像，原畫珍
藏於法國的羅浮宮。

　　義大利共和國（REPUBBLICA ITALIANA）
同樣也為了紀念達文西誕生五百周年，發行一
套達文西的素描自畫像郵票（左圖）。

　　阿爾巴尼亞（SHQIPERIA）在1969年5
月2日，發行達文西去世四百五十周年的紀念
郵票及小全張，發行量分別是九萬兩千套和
六萬兩千張，是《蒙娜麗莎》專題郵票中正
常發行數量最少的一套。

◆ 面值25q／達文西的自畫像。

◆ 面值35q／百合花素描。

◆ 面值 1 L ／《畢翠斯》
（BEATRICE）肖像圖。

◆ 面值40q／直昇機構想圖素描。

◆ 面值2L／貴婦人素描。

◆ 小全張面值2L／《蒙娜麗莎》。

　　馬利共和國（REPUBLIQUE DU MALI）在1969年10月20日發行的一枚航空郵票，紀念達文西去世四百五十周年，主題是達文西的不朽名作《蒙娜麗莎》（左下圖）。

　　位於西非的多哥共和國（REPUBLIQUE TOGOLAISE）在1972年10月21日發行一套名畫專題郵票，其中面值25f的郵票圖案即為《蒙娜麗莎》（右下圖）。

　　匈牙利（MAGYAR）在1974年4月19日發行一套《蒙娜麗莎》郵票，紀念其原畫在亞洲巡迴展出，每一枚郵票都在上邊貼紙印上調色板、下邊貼紙印上巡迴展標誌。本款郵票的發行量雖然多達七十八萬枚，但是印刷精美，再加上每一大全張只含六枚郵票（因此實際上只發行十三萬大全張），郵迷大都會買上一、兩張大全張，所以在發行當天匈牙利各地郵局就被搶購一空，而歐美代理商也被訂戶「訂爆了」，零售價一再調高，不到一個月就從1美元跳到5美元，成為自發行日起算，一個月漲幅最大的一款名畫專題郵票，目前歐洲郵商的零售價約在10歐元。

　　右頁為幾內亞共和國（République de Guinée）在2002年所發行的一款小全張，內含一枚《蒙娜麗莎》郵票，背景是達文西1490～1491年間的油畫《聖母與聖嬰》（Madonna Litta），現珍藏於俄國的聖彼得堡艾米塔吉（Hermitage）國家博物館。

Leonardo da Vinci 1452·1514

6000 FG
2002

République de Guinée

（二）波提且利

　　波提且利（Sandro Botticelli, 1445~1510）是道地的翡冷翠畫家。翡冷翠是文藝復興的發祥地，藝術人才輩出，如達文西、拉斐爾、米開蘭基羅等大師，但是他們的主要創作生涯並不在翡冷翠，達文西曾在米蘭兩度風光，晚年客死異鄉法國，拉斐爾、米開蘭基羅則都在羅馬大展身手。相形之下，波提且利一生都在翡冷翠作畫，並和當地的統治者麥第奇家族保持密切的互動關係，所以被稱為最符合翡冷翠精神的畫家。

　　波提且利也是最後的著名蛋彩（義大利文稱為tempera，一種用膠水與蛋黃調顏料的畫法）畫家，在美術史上佔有一席重要地位。他運用這種特殊顏料展現高超的繪畫技巧，金黃色的蛋彩線條十分細膩地描繪在頭髮、衣著的邊緣裝飾，以及聖者頭頂上的光環，也運用在景物最明亮的部分，成為他的特殊風格。波提且利的筆觸細膩，就藝術觀點而論，超越了當代的達文西。他的繪畫風格在形式上早於達文西時期，但是仍然可以發現他的創新，例如鮮豔的色彩、人物略帶愁意的表情（幾乎成為他的另項標記）、大膽突破的題材（選用希臘神話中的「美麗傳奇」，反映人類追求美的欲望）等，在意境上令人感受到他力求「華麗」的表現，世界頂尖級的名畫《春》和《維納斯的誕生》，就是其中最具代表性的作品。

　　波提且利1445年生於翡冷翠市內，父親馬里安諾（Mariano Filipepi）是一位皮革商人，和母親詩梅拉達（Smeralda）共育有七名子女，波提且利排行第四，他的原名是Alessandro，該字源於希臘文的「亞歷山大」。由於從小體弱多病，受不了皮革的臭味，父親將他送往大哥家去住。少年時從二哥那裡學得金銀細工的手藝，當時的金銀工匠被稱為「battigello」，做相同工作的兄弟倆因此被稱為「batticelli」，這也是波提且利出道後改名為「Sandro Botticelli」的原因，Sandro則是Alessandro的簡稱。

由於波提且利對繪畫很感興趣，15歲便進入菲立波‧立比（Filippo Lippi, 1406~1469）畫坊拜師學藝；過了六年，自認工夫有待加強，為更上一層樓，轉而向達文西的老師維洛及歐（Verrocchio）學習素描、用色及繪畫技巧，所以和當時還是學徒的達文西成為同窗。然而這兩位大畫家的作品風格，卻差了一個時期。達文西的藝術成就代表文藝復興的鼎盛時期，而波提且利的作品則是屬於「以神為中心的宗教觀念轉接到人文現實觀」的初期結合階段，兩者都具有承先啟後的重要性。

根據藝術史學家考證，波提且利大約在1470年才加入當地的畫家同業公會，同時成立了自己的畫室，並於1472年收業師立比的兒子菲立比諾（Filippino）為徒。到了1490年初，波提且利的邁入藝術成熟期，由於筆調細膩、講究華麗風格，得到了執政者「華麗的羅倫佐」（Lorenzo il Magnifico）的賞識，可以進出麥第奇宮廷，也結交了不少人文主義詩人、學者及藝術家，所以在畫風上深受人文主義的現實觀影響，但仍保持貴族文化的華麗高尚氣息。

聖文森（St.VINCENT）在1989年發行一款慶祝聖誕節的小全張，圖案採用波提且利的名作《東方三博士的膜拜》（The Adoration of the Magi），此畫約繪於1478～1479年，現珍藏於翡冷翠的烏菲茲美術館（Firenze, Galleria degli Uffizi）。此畫之所以成名，是因為波提且利以麥第奇家族的三代掌權者為畫中東方三博士的模特兒，向聖嬰膜拜，其中以手撫摸聖嬰雙腳者，就是被稱為翡冷翠麥第奇朝代的「開基祖」科西摩‧麥第奇（Cosimo de Medici, 1389~1464）；跪拜於中前方身披大紅袍的中年者就是科西摩的兒子彼埃羅（Piero il Gottoso, 1416~1469），1464年科西摩死後繼任執政大位，因身體肥胖被稱為「胖子彼埃羅」，在位僅五年即罹患痛風症去世。跪在彼埃羅右側、身穿白袍的青年，是曾任過渡時期短期執政的吉奧凡尼‧麥第奇

波提且利

85

（Giovanni），彼埃羅的胞弟，也就是當時執政者羅倫佐的叔父。位於吉奧凡尼右後方、穿鑲紅條黑衣站立者，一般推測爲羅倫佐之弟尤利亞諾（Giuliano）。1478年教皇西斯篤四世（Sixtus IV，1471~1484在位）策動巴志（Pazzi）家族展開反麥第奇家族的政變，在教堂做復活節禮拜時殺死了尤利亞諾，羅倫佐僅受輕傷躲過一劫。政變被敉平後，麥第奇家族更加牢固地掌控了翡冷翠的政局。至於畫中何者方爲羅倫佐？一直是藝術史學家爭論的對象，一派認爲羅倫佐喜好劍術，所以應該是左側穿紅上衣、雙手扶劍者；另一派認爲依輩分排列，站在尤利亞諾對面（即科西摩右後站立者），頭冠摺帽、披白袍，臂肩上繡金縷線條的才是羅倫佐。

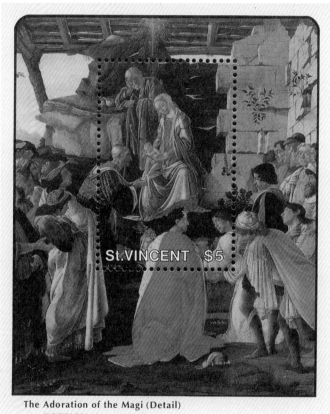

The Adoration of the Magi (Detail)
BOTTICELLI c.1445-1510

St. VINCENT CHRISTMAS 1989

多哥共和國在1970年發行一枚慶祝聖誕節的郵票，右圖最右下角是吉奧凡尼·麥第奇，最左下角可能是羅倫佐。

位於中東的阿曼（STATE OF OMAN）在1973年發行一款小全張，採用波提且利繪於1484～1486年的代表名作《維納斯的誕生》（La nascita di Venere），現珍藏於翡冷翠的烏菲茲美術館。

位於義大利中部的聖馬利諾共和國（SAN MARINO），在1972年2月23日發行一套波提且利的名畫郵票，圖案主題採用波提且利另一幅代表名作《春》（La　Primavera），繪於1482年，現珍藏於翡冷翠的烏菲茲美術館。

◆ 面值180里拉／《春》裡頭的三位女神，由右至左分別代表美麗、青春、歡樂。
◆ 面值50里拉／《春》裡的維納斯。
◆ 面值220里拉／《春》裡的春神。

　　摩納哥（MONACO）在1998年發行一套小全張，內含一枚郵票，圖案是波提且利著名畫作《春》裡的三位女神，小全張的右邊是波提且利戴帽圖（見左圖）。

（三） 拉斐爾

　　英年早逝的拉斐爾（Raffaello Sanzio, 1483~1520）雖然只活了37歲，但是他所留下的諸多不朽之作，現在都珍藏於世界各大著名博物館、美術館或畫廊，也常成為各國郵局的郵票圖案素材。1983年正逢拉斐爾500歲誕辰，歐、美、非洲各國郵局紛紛發行紀念郵票、小全張，由於印刷精美，加上圖案經典，當年不僅在藝壇、出版界，連郵壇也掀起一股「拉斐爾」熱潮。

　　然而，這股潮流卻絲毫熱絡不了台灣。當時我曾拜託台北郵商從紐約大郵商那裡進這些郵票，但由於收集此類的郵友甚少，面額高、加上銷路不佳，郵商意願並不高，進了幾套之後，就不再訂貨，感到十分無奈的我，深深體會到「曲高和寡」。直到1990年代歐美經濟成長趨緩，大型拍賣目錄陸續出現我夢寐以求的好東西，讓我順利標到幾本名畫專集，其中的兩本「拉斐爾」專集，內容超出想像的豐富，受限本書篇幅，在此選出五項精釆郵品與諸位讀者分享。

　　匈牙利在1968年12月10日發行一套義大利畫家專題郵票，其中面值40f的郵票，是拉斐爾繪於1508年的《埃斯特哈志聖母》（ESTERHÁZY MADONNA），原畫珍藏於匈牙利首都布達佩斯的美術館。

◆ 蓋有發行首日紀念郵戳的原圖卡，郵戳內的建築物即是布達佩斯美術館。

格瑞那達（GRENADA）在1983年發行一款小全張，紀念拉斐爾五百年誕辰，圖案選自《舊約聖經》首卷《創世紀》第一章的「上帝創造動物」（Creation of the Animals）。

本畫最特別之處，是拉斐爾在上帝的背後畫了一隻神話中的動物：獨角獸（unicorn）。

格瑞那達附屬地（GRENADA-GRENADINES）也在1983年發行拉斐爾五百年誕辰紀念小全張，圖案主題選自《舊約聖經》的《撒母耳記下》第二章：「大衛受膏做猶大王」（Anointing of David）。

馬達加斯加（REPOB-
LIKA DEMOKRATIKA
MALAGASY）爲紀念拉斐
爾五百年誕辰，在1983年8
月10日發行一款小全張，
左邊是拉斐爾自畫像，郵
票圖案爲拉斐爾在1503～
1504年間的畫作《持書的
聖母》，原畫珍藏於俄國的
聖彼得堡艾米塔吉國家博
物館。

1986年3月24日，馬達加斯加發行一套以拉斐爾1506年的作品《神聖家
族》爲主題的小全張，爲了便於區分，以畫中沒有鬍子的約瑟爲名，稱爲

《無鬚約瑟的神聖家
族》，背景是位於聖
彼得堡的艾米塔吉國
家博物館，發行當時
的「聖彼得堡」還稱
爲 「 列 寧 格 勒 」
（Leningrad）。

（四）魯本斯

匈牙利在1977年6月14日發行一款小全張，紀念著名畫家彼得・保羅・魯本斯（Peter Paul Rubens, 1577~1640）四百年誕辰，圖案選用魯本斯的畫作《拔示巴出浴圖》（Bathseba fürdöje）。

此畫的題材源自於《舊約聖經》的《撒母耳記下》第十一章：「大衛王在王宮平頂看見一個婦人沐浴，容貌甚美。大衛就差人打聽那婦人是誰。有人說，她是以連的女兒、赫人烏利亞之妻拔示巴。大衛差人去，將婦人接來。她來了，大衛與她同房，她就回家去了。於是她懷了孕，打發人去告訴大衛說：我懷了孕。」之後在大衛王的設計下，烏利亞被派往陣勢極險之處，隨後陣亡。

本圖以豪華的羅馬式建築（寓指大衛王的王宮）為背景，魯本斯描繪的是拔示巴讓侍女梳妝時，大衛差人送信給拔示巴。原畫珍藏於德國的德勒斯登美術館。

本小全張的設計者以紫色框邊，展現「豪華、尊貴」的氣勢，成為當年設計最精美的郵票，且有齒小全張發行不到三十萬張，無齒小全張更只發行六千兩百張，引起歐美各國收集藝術專題的郵迷搶購。至於貼在首日封上的小全張則更是稀有，目前有齒、無齒小全張首日封的拍賣參考價分別是20及120歐元。

◆ 有齒小全張首日封，右下角印有發行控制編號023718。

◆ 無齒小全張掛號實際首日封，右下角印有發行控制編號0036，收件地址是「美國 加州 洛杉磯 聖摩尼加大道 7711號」（7711 Santa Monica Blvd. LOS ANGELES 46, CALIF. USA）。

安吉拉（ANGUILLA）在1977年11月1日，發行一款紀念魯本斯四百年誕辰的小全張，內含四枚郵票，圖案主題選用魯本斯繪作的名畫。

◇ 面值25c／《草帽》，畫中模特兒是魯本斯第二任太太芙爾曼的姊姊（LE CHAPEAU DE PAILLE）。
◇ 面值40c／魯本斯第二任太太芙爾曼和她的兩個孩子（HELENE FOURMENT WITH HER TWO CHILDREN）。
◇ 面值＄1.20／魯本斯和他的太太伊莎貝拉（RUBENS AND HIS WIFE）。
◇ 面值＄2.50／女侯爵布麗姬達‧史比諾拉‧多里亞（MARCHESA BRIGIDA SPINOLA-DORIA）。

布吉納法索（BURKINA FASO）的前身上伏塔共和國（REPUBLIQUE
DE HAUTE-VOLTA，1984年8月4日改名爲BURKINA FASO），在1978年5月
24日發行一款小全張，主題選用魯本斯的知名畫作《天使加花冠於聖母》。

（五）梵谷

　　梵谷（Vincent Van Gogh, 1853~1890）是近代畫家中最有名氣的一位，但他的一生充滿痛苦、挫折，晚年精神狀態不穩定，最後飲彈自盡。而生前作品幾乎無法得到肯定的他絕對想不到，死後不到五十年，自己的作品竟成爲藝術收藏家追逐的對象。

　　1980至1990年代是世界經濟繁榮期，造就了不少鉅富，梵谷的畫在世界知名的拍賣會上屢創新價，當時有位藝術評論家曾在拍賣會發表感言：「梵谷在天堂若知此等『天價』大概會再發狂。」到了1990年代中期世界經濟衰退，才略有回檔。1990年恰逢梵谷去世一百周年，配合梵谷的畫被炒到天價，各國郵局把握這個好時機紛紛發行郵票，之前發行的梵谷專題郵票也被郵商炒熱。

　　我當時任職銀行專員，行內有幾位頗具藝術涵養的同事，知道我有收集藝術類郵票的習慣，於是請我代訂「梵谷去世一百周年」專題郵票，當他們收到郵票時，都十分驚豔地讚嘆道：「太美了！在畫冊根本沒看過嘛！」在此挑選其中幾款精采的小全張與諸位讀者分享。

◆ 保加利亞（BULGARIA）所發行的《梵
　谷的自畫像》，發行總量20萬張。

Flowering Garden
ANTIGUA & BARBUDA $5
Vincent VAN GOGH 1853-1890

◆ 面 值 ＄ 5 ／《 盛 開 的 花 園 》
（Flowering Garden），安地瓜與巴布
達（ANTIGUA & BARBUDA）發
行。

The Bridge at Trinquetaille
ANTIGUA & BARBUDA $6
Vincent VAN GOGH 1853-1890

◆ 面 值 ＄ 6 ／《 在 頂 奎 特 爾 的 橋 》
（The bridge at Trinquetaille），安地
瓜與巴布達發行。

FISHING IN THE SPRING, PONT DE CLICHY
VINCENT VAN GOGH 1853-1890
BHUTAN 30 NU

◆ 面值30NU／《春天釣魚，克利西橋》
（FISHING IN THE SPRING, PONT
DE CLICHY），不丹（BHUTAN）
發行。

◆ 面值30NU／《牡丹花瓶》（VASE WITH PEONIES），不丹發行。

◆ 面值30NU／《罌粟花與蝴蝶》（POPPIES AND BUT-TERFLIES），不丹發行。

◆ 面值＄6／《加賽醫生在奧維爾的花園》（DOCTOR GACHET'S GARDEN IN AUVERS），大英國協的多米尼卡（Commonwealth of Dominica）發行。

◆ 面值＄6／《山中牧草地：聖保羅農場》（A MEADOW IN THE MOUNTAINS：LE MAS DE SAINT-PAUL），多米尼卡發行。

◆ 面值＄6／《路賓王運河邊的洗衣婦》（The "Roubine du Roi" Canal with Washerwoman），格瑞那達發行。

The Gleize Bridge over the Vigueirat Canal
VINCENT VAN GOGH 1853-1890
GRENADA $6

Rocks with Oak Tree
VINCENT VAN GOGH 1853-1890
GRENADA $6

◆ 面值＄6／《維格拉運河上的格雷茲橋》
（The Gleize Bridge over the Vigueirat
Canal），格瑞那達發行。

◆ 面值＄6／《岩石與橡樹》（Rocks with Oak
Tree），格瑞那達發行。

Farmhouse in a Wheatfield
VINCENT VAN GOGH 1853-1890
GRENADA $6

THE COURTYARD OF THE HOSPITAL AT ARLES
VINCENT VAN GOGH 1853-1890
MALDIVES RF25

◆ 面值＄6／《在麥田的農舍》（Farmhouse in
a Wheatfield），格瑞那達發行。

◆ 面值RF25／《在阿爾醫院的庭院》（THE
COURTYARD OF THE HOSPITAL AT
ARLES），馬爾地夫（MALDIVES）發行。
阿爾在法國的南部，梵谷曾在此療養。

VINCENT VAN GOGH 1853-1890
STREET IN SAINTES-MARIES
GRENADINES OF ST VINCENT $5

HAYSTACKS IN PROVENCE
VINCENT VAN GOGH 1853-1890
SIERRA LEONE Le400

◆ 面值＄5／《聖馬利耶的街道》（STREET
IN SAINTES-MARIES），聖文森附屬地
（GRENADINES OF ST VINCENT）發行。

◆ 面值Le 400／《在普羅旺斯的乾草堆》
（HAYSTACKS IN PROVENCE），獅子山
（SIERRA LEONE）發行。

THE TRINQUETAILLE BRIDGE
VINCENT VAN GOGH 1853-1890
SIERRA LEONE Le400

VINEYARDS WITH A VIEW OF AUVERS
VINCENT VAN GOGH 1853-1890
SIERRA LEONE Le400

◆ 面值Le 400／《頂奎特爾橋》（THE TRIN-QUETAILLE BRIDGE），獅子山發行。

◆ 面值Le 400／《奧維爾葡萄園之一景》（VINEYARDS WITH A VIEW OF AUVERS），獅子山發行。

Entrance to the Public Park
Vincent Van Gogh 1853 – 1890
TURKS & CAICOS $2.00

Ploughed Field
Vincent Van Gogh 1853 – 1890
TURKS & CAICOS $2.00

◆ 面值＄2.00／《公園入口》（Entrance to the Public Park），特克斯和凱科斯群島（TURKS & CAICOS）發行。

◆ 面值＄2.00／《被犁過的農田》（Ploughed Field），特克斯和凱科斯群島發行。

FIRST STEPS
UGANDA 1200/-
VINCENT VAN GOGH 1853-1890

VILLAGE STREET AND STEPS IN AUVERS WITH FIGURES
UGANDA 1200/-
VINCENT VAN GOGH 1853-1890

◆ 面值1200/-／《初學走路》（FIRST STEPS），烏干達（UGANDA）發行。

◆ 面值1200/-／《在奧維爾村子的街道與台階和行人》（VILLAGE STREET AND STEPS IN AUVERS WITH FIGURES），烏干達發行。

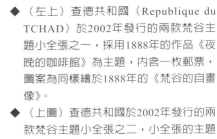

◆ （左上）查德共和國（Republique du TCHAD）於2002年發行的兩款梵谷主題小全張之一，採用1888年的作品《夜晚的咖啡館》為主題，內含一枚郵票，圖案為同樣繪於1888年的《梵谷的自畫像》。

◆ （上圖）查德共和國於2002年發行的兩款梵谷主題小全張之二，小全張的主題也是1888年的《夜晚的咖啡館》，但是設計者卻將左右顛倒，內含一枚圖案為1888年的畫作《阿爾的懸開橋》郵票。由於設計者和檢查員的雙重疏忽，此小全張的「Gogh」誤拼成「Gohg」。

◆ （左圖）保加利亞在2003年發行，紀念梵谷誕生150周年，內含一枚面值0.65ΛeBa的郵票，圖案為《1888年畫的向日葵》，其餘三張貼紙都是《梵谷的自畫像》，創作時間分別為左下1888年、左上1889年、右上1890年。

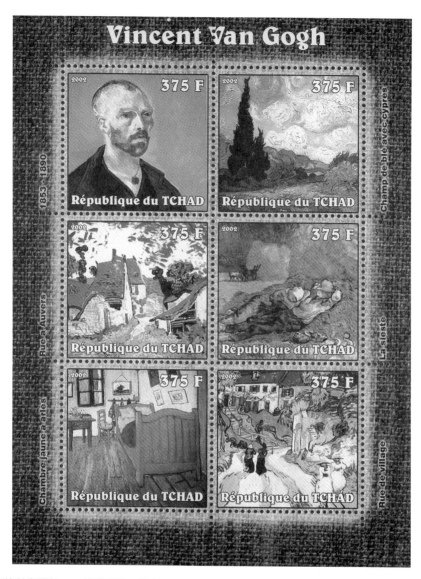

◆ 查德共和國於2002年發行的一款梵谷主題小版張，內含六枚郵票，分別為左上《梵谷的自畫像》、左中《奧維爾的街道》、左下《梵谷的房間》、右上《麥田與絲柏》、右中《農夫的午睡》、右下《奧維爾村子的街道》。

（六）畢卡索

　　畢卡索（Pablo Picasso, 1881~1973）是近代著名畫家之中最長壽的一位，不同於梵谷的悲情，他很早就聞名全世界，後期的抽象畫尤其符合美國收藏大亨的品味，成為名利雙收的幸運畫家。

　　西班牙（ESPAÑA）在1978年9月29日發行一套郵票日（stamp day，主要目的為提倡集郵）郵票，圖案採用畢卡索的著名畫作。

◆ 面值3P／加那爾斯女士（Señora Canals）肖像圖。
◆ 面值5P／畢卡索的自畫像（Self-portrait）。
◆ 面值8P／沙巴特斯（JAIME SABARTES）抽象圖。
◆ 面值10P／《女演員的謝幕》（EL FINAL DEL NUMERO）。

◆ 面值12P／《科學與慈善》（CIENCIA Y CARIDAD），左邊是醫師正替一位女病患診脈，右邊是一位護士抱著小孩。

◆ 面值15P／《王宮仕女圖》（LAS MENINAS），參考西班牙古典名
畫家委拉斯蓋茲（Velazquez）同名畫作的抽象畫。

◆ 面值25P／《畫家和模特兒》（EL PINTOR Y LA MODELO）。

◆ 面值20P／《鴿子》（LOS PICHONES）。

查德共和國在2002年發行兩套畢卡索主題的小全張。

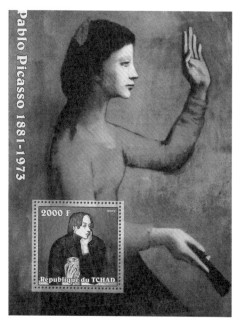

◆ （上圖）小全張主題為1961年作品，現珍藏於
瑞士琉森藝術館的《草坪上午餐》（LUN-
CHEON ON THE GRASS），內含的一枚郵
票，圖案是1901年的自畫像。

◆ （左圖）小全張以現珍藏於華盛頓國家藝術畫
廊的1905年畫作《持扇子女士》（LADY
WIEH A FAN）為主題，內含一枚郵票，圖案
為繪於1901年，現珍藏於莫斯科普希金國家美
術館的《沙巴特斯肖像圖》。

（七）聖誕節名畫郵票

歐美國家慣例在聖誕節之前會發行聖誕節郵票，其中不少圖案採用著名畫家所畫的「聖母與聖嬰」圖。

庫克群島（COOK ISLANDS）在1983年發行的聖誕節小全張，圖案採用知名畫家拉斐爾所畫的五幅聖母與聖嬰圖。

◆ 小全張右邊是拉斐爾的自畫像。

◇ 左上角的貼紙，印在最上方的「MADONNA AND CHILD BY RAPHAEL」，即「拉斐爾畫的聖母與聖嬰」，中間的紅字體「CHRISTMAS 1983」，即為「1983年聖誕節」，下方的「500th ANNIVERSARY OF RAPHAEL 1483-1983」，則意指「拉斐爾500周年」。

◇ 面值12c＋3c／《美麗的裱母》。

◇ 面值18c＋3c／《聖母與聖嬰，約翰》。

◇ 面值36c＋3c／《聖母與聖嬰，施洗約翰詠頌圖》，施洗約翰立於圖左。

◇ 面值48c＋3c／《聖母與聖嬰，獻魚圖》，因圖左下有位獻魚者而得名。

◇ 面值60c＋3c／《天篷聖母》，聖母與聖嬰頭頂有天篷，也可譯成「華麗頂蓋聖母」。

庫克群島1985年發行
的聖誕節小全張，圖案採用
著名畫家波提且利所畫的四
幅聖母與聖嬰圖。

◇ 左上：《華麗的聖母》，天使持
　書中右頁最開頭所寫的
　Magnificat，即為華麗、端莊之
　意。
◇ 右上：《持石榴聖母》，因聖母
　與聖嬰左手共持石榴而得名。
◇ 左下：《聖母與聖嬰及八位天
　使》，因左右各畫四位天使而得
　名。
◇ 右下：《玫瑰園聖母》，因背景
　畫玫瑰樹而得名。

　　庫克群島1986年發行的聖誕節小全張中，聖母與聖嬰圖的圖案採用著名畫家
魯本斯所畫的三幅作品。

◇ 左：《神聖家族》（The Holy
　Family），右邊是聖約瑟，左
　邊是伊莉莎白，中間是聖約
　翰與聖嬰。
◇ 中：《花環聖母》（Virgin
　with Garland），因以花圈環繞
　而得名。
◇ 右：《東方三博士的膜拜》
　（Adoration of Magi），Magi就
　是來自東方的神奇賢士。

庫克群島發行的1987年
聖誕節小全張，以著名畫家
林布蘭（Rembrandt van Rijn,
1606~1669）所繪的三幅「神
聖家族」圖為主題。

◇ 上：《THE HOLY FAMILY》，原畫
　珍藏於法國巴黎的羅浮宮。
◇ 中：《THE HOLY FAMILY WITH
　ANGELS》，因原圖左上角的天使而
　得名，原畫珍藏於俄國的聖彼得堡
　艾米塔吉國家博物館。
◇ 下：《THE HOLY FAMILY》，原畫
　珍藏於慕尼黑的古代美術館（Alte
　Pinakothek）。

聖文森（St. Vincent & the Grenadines）
在1999年發行一套聖誕節小全張，圖案採
用著名畫家拉斐爾1513～1514年的作品
《西斯汀聖母》（The Sistine Madonna），此
畫因畫面左邊的聖西斯汀而得名，現珍藏
於德國的德勒斯登美術館。

（八）法國發行的名畫郵票

　　法國在1961年11月10日發行第一套名畫專題郵票，即受到各國郵迷好評，之後每年陸續發行包括雕刻、塑像等藝術系列郵票。

◆ 面值0.50法郎／布拉克（G. BRAQUE）《信使者》。
◆ 面值0.65法郎／馬諦斯（M. MATISSE）《藍色裸女》。
◆ 面值0.85法郎／塞尚（P. CEZANNE）《玩紙牌的人》。
◆ 面值1.00法郎／弗里奈（R. DE LA FRESNAYE）《7月14日》，7月14日是法國國慶。

法國在1962年11月9日發行第二套名畫專題郵票。

◆ 面值0.50法郎／庫爾貝（COURBET）《庫爾貝先生，您好！》。
◆ 面值0.65法郎／馬奈（E. MANET）《在藍色沙發上的馬奈夫人》。
◆ 面值1.00法郎／傑利訶（GERICAULT）《騎馬的禁衛軍官》。

法國在1963年3月2日發行第三套名畫專題郵票。

◆ 面值0.50法郎／德拉克洛瓦（E. DELACROIX）《雅各與天使扭鬥圖》。
◆ 面值1.00法郎／聖弗伊德孔謝教堂（St. FOY de CONCHES）的彩繪玻璃窗《聖彼得捕魚
　 圖》。

四、方寸間的電影

（一）誰發明了電影？

　　電影是誰發明的？大概可以考倒很多人。或許有人回答是愛迪生，因爲愛迪生在1889年發明了電影放映機，1893年起愛迪生使用快速連續攝影機拍下了許多事物，此爲最早的電影拍攝機。1894年在紐約的百老匯（Broadway，原意係指紐約市中心最寬廣的街道）劇院，開始放映收費電影。可惜的是，愛迪生拍攝的都是紀錄片，未能與戲劇結合，朝向娛樂性方面發展，所以沒有進一步研究。

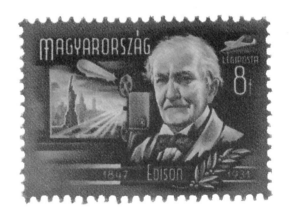

　　匈牙利（MAGYAR）在1948年5月15日發行一套發明家與探險家專題郵票，其中面值8的郵票以愛迪生（THOMAS ALVA EDISON）爲主題，圖案左邊是電影放映機正在放映世界著名的齊伯林飛船飛到紐約上空的紀錄片。

　　1895年法國的盧米埃兄弟（Auguste Lumière, 1862~1954 & Louis Lumière, 1864~1948）將愛迪生發明的電影放映機加以改進，使得動畫片的製作能和放映結合。該年12月25日，巴黎市一間咖啡館首度放映改良後的電影，獲得觀眾的普遍稱讚，被公認爲現代電影的開端。

位於西非的馬利（MALI）在1970年7月27日發行一枚面值250法郎的航空郵票，圖案主題是盧米埃兄弟，左邊有四個裝電影膠捲的捲筒，右下角是曾經紅極一時的性感艷星——瑪麗蓮·夢露（MARILYN MONROE），左下角是另一位著名艷星珍·哈露（JEAN HARLOW）。

（二）英國著名導演與明星

英國在1985年10月8日發行一套二十世紀著名導演與明星的專題郵票，圖案選用名攝影家所拍攝的黑白照片，照片上有各導演與明星的親筆簽名，圖案左邊並印有攝影家的名字。

◆ 面值17便士／知名諧星彼得·謝勒（Peter Sellers, 1925~1980）。

◆ 面值20便士／大衛‧尼文（David Niven,
1910~1983）。

◆ 面值29便士／知名諧星與導演查理斯‧
卓別林（Charles Chaplin, 1889~1977）。

◆ 面值31便士／費雯麗（Vivien Leigh,
1913~1967）。

◆ 面值34便士／知名導演希區考克（Alfred
Hitchcock, 1899~1980）。希區考克的電影
作品多為懸疑緊張風格，因而得到「緊張
大師」之稱號。

（三）查理斯·卓別林

　　出生於英國，因在美國製造的無聲電影（專業術語稱為「默片」，當時的演員必須運用較誇張的肢體語言來詮釋情節）中，被塑造成一個風趣幽默又令人同情的流浪漢而聲名大噪。二十世紀的二○年代初期，由他主演的影片最為賣座，後來開始自編自導自演，充分發揮他的藝術天才。他的喜劇片在戲院放映時，經常博得觀眾如雷的歡笑聲，他的招牌搞笑裝扮：圓頂禮帽、一件小西裝、寬鬆的長褲、特大號皮鞋、一小撮鬍子和一根細短手杖，留給觀眾深刻的印象。1940年諷刺希特勒的《大獨裁者》是他演出的第一部有聲電影，戰後的1947年因為《華杜先生》一片激怒了美國退伍軍人協會，1952年被迫離開美國。1953年在瑞士定居，1966年自編自導自演最後一部影片《香港女伯爵》，1972年回到美國接受美國電影藝術及科學院所頒與的特別獎。1989年各國陸續發行卓別林百年誕辰紀念郵票。

◆ 捷克斯拉夫（ČESKOSLOVEN-SKO）於1989年3月9日發行。

◆ 義大利（ITALIA）於1989年9月23日發行。

◆ 摩納哥（MONACO）
於1989年3月14日發
行。

◆ 西班牙（ESPAÑA）於1989年9月19日發
行。
◆ 保加利亞在1995年10月16日發行一套電
影百周年紀念郵票，其中面值L. 2.00的郵
票是穿著搞笑裝扮的卓別林和米老鼠。

（四）李小龍

　　香港在1995年11月15日爲紀念電影百周年，發行一套「香港影星」專題郵票，一共四枚。

◆ 面值港幣1.20元／李小龍（BRUCE LEE）。

◆ 面值港幣2.10元／梁醒波（LEUNG SING-POR）。

◆ 面值港幣2.60元／任劍輝（YAM KIM-FAI）。

◆ 面值港幣5.00元／著名女星「林黛」（LIN DAI）。

　　由於本套第一枚的主角，正是以《精武門》、《猛龍過江》等電影，成爲國際知名武打影星的李小龍，因而吸引不少影迷購買。發行當天香港各地郵局大排長龍，海外各地華人也趨之若鶩，紛紛向香港郵商訂購，結果供不應求，香港郵商反而得出價15或16港元（整套面值10.9港元，收購價約高出

原面值五成），向歐美代理香港郵票的郵商調貨。歐美郵商得知香港郵市正在吹「李小龍」旋風，於是都以「sold out」（已售完）回報，香港郵商在調不到貨的情況下，只好再提高收購價到22港元（即超出原面值一倍），零售價格則調為30港元。

　　當時有些香港郵商也向台北郵商調貨，結果沒什麼收穫，因為台北的郵迷都知道香港郵市的行情，老早就把本套掃得清潔溜溜，台北郵商幾乎無庫存。我在當時曾與一位台北大盤郵商談論「李小龍」旋風，該郵商感慨地說：「實在沒想到才不到一個月的時間就漲了一倍，早知道全部倒回香港，還可以賺一票。」原來他以面值加五成出售，不到一星期就被掃光了，而身為老主顧的我，則是靠交情才總算買到四套。

（五）電影巨星專題郵票

　　馬利共和國在1994年發行一套電影巨星專題郵票，以巨星的肖像與成名的代表影片為主題。

◆ 面值100F／寇克‧道格拉斯（KIRK DOUGLAS），
　 代表影片《萬夫莫敵》（SPARTACUS）。

郵此一說

　　《萬夫莫敵》在1960年上映，是一部羅馬史詩性質的電影，描寫西元前73年古羅馬的一段真實故事。當時一名羅馬的奴隸格鬥士（寇克‧道格拉斯飾演）不堪暴虐而起身反抗，由他帶領其他的奴隸發動叛變，打算推翻羅馬帝國的暴政。本片中一場戰爭高潮戲，共動員了8000名西班牙士兵，呈現出悲壯動人的氣勢。

◆ 面值150 F／伊麗莎白‧泰勒（ELISABETH TAYLOR），代表影片《埃及艷后》（CLÉOPÂTRE）。

◆ 面值200F／克林‧伊斯威特（CLINT EASTWOOD），代表影片《荒野大鏢客》（SIERRA TORRIDE）。

◆ 面值225F／瑪麗蓮‧夢露（MARILYN MONROE），代表影片《大江東去》（LA RIVIÈRE SANS RETOUR）。

◆ 面值500F／阿諾‧史瓦辛格（ARNOLD SCHWARZENEGGER），代表影片《王者之劍》（CONAN LE BARBARE）。

（六）《007》系列

　　馬達加斯加共和國（REPOBLIKAN'I MADAGASIKARA）在1999年發行一枚電影史（HISTIRE DU CINEMA）專題小全張，面值高達25,000法朗，以英國間諜片《007》為主題。內含一枚郵票，主角為法國女星蘇菲・瑪索（Sophie Marceau），下面是《巡弋飛彈》（NEVER SAY NEVER AGAIN）中的遊艇。小全張的左上角是太空梭，右上角是人造衛星，中間由上而下分別是史恩・康納萊（Sean Connery）在《007續集》（FROM RUSSIA WITH LOVE）中抱著白貓的劇照、《雷霆谷》（YOU ONLY LIVE TWICE）中的直昇機、羅傑・摩爾（Roger Moore）、皮爾斯・布洛斯南（Pierce Brosnan）在《明日帝國》（TOMORROW NEVER DIES）中騎摩托車的英姿，他的右邊是未來的高速磁浮列車及007的座車ASTON MARTIN D85。

（七）著名電影女星

　　剛果民主共和國（République Démocratique du Congo）曾於2002年發行一系列以世界知名女影星爲主題的小版張，以下即就各個主題分別介紹。

1. 瑪麗蓮‧夢露（Marilyn Monroe）

　　瑪麗蓮‧夢露（1926.6.1~1962.8.5）是美國著名喜劇片女演員，一頭金髮和性感身材，加上散發媚力的美貌，成爲好萊塢艷星的象徵，也是美國人心目中最性感的女神。在1995年各國爲紀念電影百周年所發行的專題郵票中，幾乎都有夢露的肖像，之後不少郵票代理商和幾個加勒比海島國、西非等國家，簽約出版三十幾套「瑪麗蓮‧夢露」專題郵票。據美國的郵商統計，她的郵票票房不遜於電影票房，所以就明星專題郵票而言，截至目前爲止，瑪麗蓮‧夢露不論發行種類或銷路，都是排行榜的第一名。瑪麗蓮‧夢

露在電影宣傳方面被塑造成一個外貌亮麗、頭腦簡單的金髮女郎，其實這正顯現出她純眞的天性。她的童年在孤兒院和收養家庭度過，年

紀稍長後當攝影家的模特兒，以一張全裸照爲電影製片家看上而踏入影壇，並在1955年的電影《七年之癢》中，因扮演性感的女主角而廣受觀眾的喜愛。1962年按官方報導因服用過量安眠藥而去世，不過眞正死因卻引起多方揣測，其中最令人覺得可疑的，當屬與當時的甘迺迪總統有關的傳聞。

2. 二十世紀偉大的電影藝術家（Les Grands Artistes du XX čme Siecle）

◆ 上排由左至右是瑪麗蓮・夢露、珍・西蒙絲（Jean Simmons）、薇洛尼嘉・蕾克（Veronica Lake）。

◆ 下排由左至右是伊麗莎白・泰勒、奧黛麗・赫本（Audrey Hepburn）、英格麗・褒曼（Ingrid Bergman）。

珍‧西蒙絲

1929年1月31日出生於英國倫敦北部，1950年前往好萊塢發展，1980、90年代活躍於電視劇，1992年於加州聖塔摩尼卡（Santa Monica）去世。

薇洛尼嘉‧蕾克

1922年11月14日出生於紐約的布魯克林（Brooklyn），1939年開始拍片，成名作品是1941年的《蘇利文之旅》（Sullivan's Travel），後來成為美國四〇年代著名艷星之一，1973年7月4日於佛蒙特州（Vermont）的伯林頓（Burlington）去世。

伊麗莎白‧泰勒

1932年2月27日生於英國，幼年時曾學習芭蕾舞，第二次世界大戰爆發前夕，舉家遷至美國。由於美貌動人，1942年便以童星出道，成名影片是1944年的《玉女神駒》（National Velvet）。成年後演技高超，戲路發展益發寬廣，1950年她在《青樓艷妓》（Butterfield 8）中的精湛演出，奪下了奧斯卡金像獎的最佳女主角。她所拍過的電影尤以1963年的《埃及艷后》最為轟動，創下當時最高片酬100萬美元（以物價指數而論超過現在的1000萬美元）。這張郵票即是伊麗莎白‧泰勒在《埃及艷后》一片中的劇照。

奧黛麗‧赫本

1929年5月4日出生於比利時的布魯塞爾，父親是英國人，母親是荷蘭人。在1953年的《羅馬假期》（Roman Holiday）中，以安妮公主（Princess Anne）一角榮獲奧斯卡金像獎的最佳女主角。因長相甜美、造型清新，有別於當時國際女明星的艷麗風格，深受女性影迷的喜愛，劇中的俏麗短髮更讓1950、60年代年輕婦女爭相模仿，成為風靡一時的「赫本頭」。成名以後的經典代表作包括1957年的《甜姐兒》（Funny Face）、1961年的《第凡尼早餐》（Breakfast at

Tiffany's)、1964年的《窈窕淑女》（My Fair Lady），在影壇上被讚譽爲演技最爲精湛的女明星之一。晚年熱心公益，1993年1月20日在瑞士去世。

英格麗‧褒曼

　　1915年8月29日生於瑞典，1982年8月29日病逝，是二十世紀四〇年代在美國最受歡迎的女明星之一，也是橫跨瑞典、法國、德國、義大利、英國影壇的國際明星，在銀幕上經常扮演理想女性的角色。1935年初次登上大銀幕，1942年的《北非諜影》（Casablanca）和1943年改編自美國作家海明威同名小說的《戰地鐘聲》（For Whom the Bell Tolls），讓她聲名大噪。1944年的《郎心似鐵》（Gaslight）一片，更讓她獲得奧斯卡金像獎的最佳女主角，而她在1974年受邀參演的《東方快車謀殺案》（Murder on the Orient Express），也幫她抱回奧斯卡最佳女配角獎。

3. 二十世紀的性感肉彈（Sex Bombs du XX čme Siecle） I

◆ 上排由左至右是吉恩‧蒂爾尼（Gene Tierney）、薇洛尼嘉‧蕾克、海蒂‧拉瑪（Hedy Lamarr）。
◆ 下排由左至右是洛琳‧白考兒（Lauren Bacall）、費雯麗、蘇菲亞‧羅蘭（Sophia Loren）。

吉恩‧蒂爾尼

1920年11月19日生於紐約的布魯克林，1940年至1950年成爲20世紀福斯公司的特約演員，共拍過三十六部電影，1991年11月6日於德州休斯頓（Houston）去世。

海蒂‧拉瑪

1913年11月9日生於維也納，1933年嫁給奧地利著名軍火商弗瑞茲‧曼德（Fritz Mandl），1937年逃婚，前往巴黎再轉到倫敦，經介紹認識米高梅公司的負責人路易斯‧梅耶（Louis B. Mayer），之後轉往美國發展，拍過三十六部電影，結婚六次，2000年1月19日於佛羅里達州卡賽伯瑞（Casselberry）家中去世。

洛琳‧白考兒

美國著名演技派女演員，1924年9月16日出生。最初擔任時裝界模特兒，因登於時尚雜誌上的照片被電影導演發掘，擅長飾演浪漫多情的角色。她在1953年的《願嫁金龜婿》（How To Marry A Millionaire）一片中，以機智、詼諧、大膽的表演，贏得影評界與觀眾一致的讚揚。

費雯麗

1911年11月5日出生於印度，英國著名演技派女演員。1934年踏入影壇，演出電影數量不多，但所塑造的藝術清新形象卻留給影迷極爲深刻的印象。根據美國名作《飄》（Gone With The Wind）而改編的著名影片《亂世佳人》，開拍時前曾大張旗鼓尋訪片中女主角「郝思嘉」的飾演者，結果由費雯麗入選，1939年推出後大爲轟動，費雯麗更因該片榮獲奧斯卡金像獎的最佳女主角。1940年以第二次世界大戰爲劇本背景的《魂斷藍橋》（Waterloo Bridge）也是著名經典之作，費雯麗飾演一名被英國陸軍上尉追

求的美麗女郎，最後以悲劇收場，由於情節與演技感人，讓不少影迷感動落淚。1967年7月7日她在睡夢中辭世。

蘇菲亞·羅蘭

　　以性感女神形象風靡世界影壇的義大利女演員，1934年9月20日出生於義大利南部海港那不勒斯郊區貧困家庭，15歲參加當地選美比賽得到第二名，之後到羅馬當過模特兒和臨時演員。1954年主演由著名歌劇《阿伊達》改編而成的同名電影女主角，使她名聞歐洲，進而成為國際明星。1961年在《烽火母女情》（Two Women）片中扮演第二次世界大戰期間一個義大利少女的慈母，充分表現女性偉大的堅毅情操，而她也以精湛的演技實力，獲得奧斯卡金像獎的最佳女主角。

4. 二十世紀的性感肉彈（Sex Bombs du XX čme Siecle） II

珍·芳達

　　1937年12月21日出生，老牌性格巨星亨利·芳達的女兒，在影壇以性感大膽著稱。由於個性十分叛逆、又愛搞怪，越戰期間成為反戰人士的急先鋒，曾在1972年和1974年兩度造訪北越，引起軍人家屬的嚴重斥責，輿論也不認同她的作風。近年曾公開道歉，但不為一般美國民眾接受。

麗泰·海華斯

　　美國四〇年代的性感明星，1918年10月17日出生，父母親是原籍西班牙的舞蹈家，1935年以在電影中跳西班牙舞起家。後來走性感妖媚路線，以1941年的《碧血黃沙》（Blood and Sand）及1944年的《封面女郎》（Cover Girl）等歌舞片走紅，在1948年的《上海小姐》（The Lady From Shanghai）中扮演一個貪得無厭的美女，這是她一生中事業的頂峰。

著名電影女星

金露華

　　原名Marilyn Pauline Novak，美國著名艷星，1933年2月13日生於芝加哥，高中畢業後曾擔任模特兒，1954年出入電影界，1991年息影，共拍過三十四部電影。

◆ 上排由左至右是珍‧芳達（Jane Fonda）、伊麗莎白‧泰勒、碧姬‧芭杜（Brigitte Bardot）。
　 （按：郵票上的「Ingrid Bergman」應為「Brigitte Bardot」）
◆ 下排由左至右是麗泰‧海華斯（Rita Hayworth）、瑪麗蓮‧夢露、金露華（Kim Novak）。

5. 碧姬‧芭杜（Brigitte Bardot）

　　碧姬‧芭杜1934年9月28日生於巴黎，1952年投入影壇，1953年與美國明星寇克‧道格拉斯合演《此恨綿綿》（Un acte d'amour）而成名，在所拍過的影片中都以性感誘人的造型為賣點，因此博得「性感小貓」的稱號，以現代眼光來看，她的劇照和扮演的角色仍十分前衛。她在40歲當紅之時就退出影壇，由於十分熱愛貓狗等寵物，所以息影之後成立以保護動物為宗旨的「碧姬‧芭杜基金會」，備受歐洲保育人士的尊敬與推崇。

五、方寸間的建築

（一）世界七大奇觀

　　西元前二世紀，西頓城（Sidon，古代腓尼基的重要城市和商港）的作家安提帕特（Antipater）曾列舉出古代七個偉大的建築奇觀（the seven wonders of the ancient world）。

　　位於西非的馬利共和國（REPUBLIQUE DU MALI）在1971年12月31日發行一套航空郵票，圖案主題選用古世界七大奇觀，本套是法國的印製廠以彩色雕刻版印製，雕工細緻、色彩艷麗，可稱為建築專題郵票經典中的經典。由於馬利的知名度並不高，所以除了收藏建築專題郵票的郵迷或許知道此套，大部分的郵友幾乎都不知道有此「經典之作」。每當認識我的朋友或編輯小姐先生問道：「那一套郵票印得漂亮又最具世界知名度？」我都會回答：「馬利發行的世界七大奇觀最值得推薦。」看過本套後，不知各位讀者是否有同感？

◆ 面值70F／奧林匹亞（Olympia）的宙斯（Zeus）神像，約在西元前430年由雅典雕刻家菲迪亞斯（Phidias）所雕刻的巨大坐像。

◆ 面值80F／位於埃及的金字塔（Pyramid）與人面獅身（Sphinx）像，相傳建於西元前二十六至前二十四世紀，是七大奇觀中歷史最久，也是唯一尚存的古蹟。

◆ 面值130F／位於埃及北部亞歷山卓（Alexandria）港口外的法洛斯島（Pharos）燈塔，約在西元前280年由埃及國王托勒密二世下令建造，是古代最著名的燈塔。

◆ 面值100F／位於現今土耳其西部以弗所（Ephesus）的阿提米斯神廟（Temple of Artemis），因規模宏大、裝飾富麗而聞名，建於西元前六世紀。

◆ 面值150F／巴比倫的空中花園（Hanging Gardens of Babylon），相傳由巴比倫國王尼布甲尼撒下令建造，位於現今伊拉克首都巴格達附近。

◆ 面值270F／哈利卡納素斯的摩所稜陵墓（Mausoleum of Halicarnassus），小亞細亞的哈利亞國王摩所稜的陵墓，建於西元前三世紀，英語的mausoleum就是陵墓之意，乃源於此名。

◆ 面值280F／希臘羅德島的巨像（Colossus of Rhodes），為紀念羅德島解圍（西元前305~304年）而在該島港口建立的巨大青銅人像。

匈牙利（MAGYAR）在1980年2月29日發行一套「古世界七大奇觀」郵票，圖案中標明七大奇觀的地理位置，為本套最大的特徵。

◆ 面值40 f.／巴比倫的空中花園。　　◆ 面值60 f.／以弗所的阿提米斯神廟。

◆ 面值1Ft.／奧林匹亞的宙 斯神像。
◆ 面值2 Ft.／哈利卡納素斯 的摩所稜陵墓。
◆ 面值3 Ft.／希臘羅德島的 巨大人像。

◆ 面值4 Ft.／亞歷山卓港的 燈塔。
◆ 面值5 Ft.／埃及的金字塔。

（二）世界第八大奇觀

　　德國的鐵路高架橋「哥爾茲修塔拱橋」（GÖLTZSCHTAL VIADUKT），
位於德國東部薩克森邦的來亨巴赫（Reichenbach）與普羅恩（Plauen）之
間，跨越弗格蘭（Vogtland）的哥爾茲修塔河谷。巴伐利亞國王路得威希一
世（Ludwig I）與薩克森國王在1841年簽約，准許興建從紐倫堡到萊比錫的
鐵路，附帶承諾一座跨越哥爾茲修塔河谷的鐵路橋。1845年，由設計者修博
特（Johann Andreas Schubert）教授分析橋樑的結構，他參考古代羅馬人建
造的水道高架橋，決定採用連續小橋拱，分成四階層。小橋拱的優點是有足

夠的支撐力，而中空部位是要讓河谷強風通過，減輕風壓以鞏固橋柱，此外也有助於減少物料及人工費用。1846年開始動工，由於工程浩大，直到1851年完工為止，總共用了兩千六百萬個磚塊，橋長578公尺，最中間的橋拱幅30.9公尺、橋拱高78公尺。1851年7月15日第一班列車通過哥爾茲修塔拱橋，根據當時的記載，從遠方觀看在橋上前進的列車，就好像是一條小毛毛蟲在爬行，由此可見整座拱橋的氣勢是何等雄偉，所以被稱為「世界第八大奇觀」。

◆ 東德（DDR）在1976年9月21日發行一套橋樑專題郵票，其中面值25分尼的圖案就是哥爾茲修塔拱橋。

◆ 攝於1981年的哥爾茲修塔拱橋，一列鐵路客車正行進於橋上。

（三）各國首都的著名建築物

　　捷克斯拉夫（ČESKOSLOVENSKO）在1967年10月30日發行一套爲
1968年布拉格世界郵展的宣傳郵票，主題是各國首都的著名建築物，郵票下
方附有一枚無面值的宣傳貼紙，介紹1968年布拉格世界郵展的標誌及各國文
字的世界郵展。由於本套爲航空郵票性質，所以圖案上方刻印著各種不同種
類的民用飛機。

◆ 面值30h／布拉格城堡中間的尖塔是聖維塔大教堂（sv.Víta），右上角是1962年在布拉格舉行
的世界郵展標誌，左上角是捷克自製的「空中計程車」（Aerotaxi）L200型小飛機。下方的宣
傳貼紙印有1968年布拉格世界郵展的標誌及斯拉夫文的「世界郵展」字樣。

◆ 面值60h／土耳其伊斯坦堡的地標——蘇菲亞大教堂（後來被改爲回教的清真寺），右上角是
1963年在伊斯坦堡舉行的世界郵展標誌，左上角是英國的三叉戟式（Trident）噴射客機。下
方的宣傳貼紙印有1968年布拉格世界郵展的標誌及土耳其文的「世界郵展」字樣。

◆ 面值1Kčs／巴黎的地標——城市之島（Ile de la Cité）中的聖母大教堂（Notre-Dame），左上
角是1964年在巴黎舉行的世界郵展標誌，右上角是法國的輕帆船式（Caravelle）噴射客機。
下方的宣傳貼紙印有1968年布拉格世界郵展的標誌及法文的「世界郵展」字樣。

◆ 面值1.40Kčs／維也納的地標——貝維德雷宮（Belvedere），左上角是英國的子爵式（Viscount）
渦輪螺旋槳客機，它的下方有1965年在維也納舉行的世界郵展標誌。下方的宣傳貼紙印有
1968年布拉格世界郵展的標誌及德文的「世界郵展」字樣。

◆ 面值1.60Kčs／華盛頓的地標
——美國國會（Capitol），右
上角是1966年在華盛頓舉行的
世界郵展標誌，左上角是美國
的波音707型噴射客機。下方
的宣傳貼紙印著1968年布拉格
世界郵展的標誌及英文的「世
界郵展」字樣。

◆ 面值2Kčs／荷蘭首都——阿姆
斯特丹舊市區，右上角是1967
年在阿姆斯特丹舉行的世界郵
展標誌，左上角是美國的道格
拉斯DC-8型噴射客機。下方的
宣傳貼紙印著1968年布拉格世
界郵展的標誌及荷蘭文的「世
界郵展」字樣。

◆ 面值5Kčs／中間的白色建築是布拉格高地城
堡的聖彼得與聖保羅大教堂，它的右後方是
布拉格的舊城區，左後方是布拉格城堡的教
堂，郵票左上方有蘇聯的Tu-134型噴射客機，
右下角是布拉格世界郵展的標誌。而本枚郵
票最引人入勝之處，就是橫越畫面中間的五
座伏爾塔瓦（Vltava）河上橋樑，由前至後依
序是：第一座鐵道橋 Železniční，第二座
Palackého，第三座 Jiráskův，第四座 Legií，及
第五座的 Karlův，此即最著名的查理士橋（英
文稱為Charles）。

（四）布拉格的查理士橋

　　查理士橋是伏爾塔瓦河上唯一的石橋，也是自十四世紀竣工以來連接兩岸的主要通道。1357年在國王查理四世的授命下開始建造，直到1402年才大功告成。橋身以砂岩塊鋪設，長516公尺，寬9.5公尺，由十六座橋墩支撐。1974年修建後僅供行人徒步，成為布拉格最著名的觀光景點及觀光客必經之橋。該橋也因橋面兩旁的護牆與每一座橋墩交接處上，都立有一座聖者雕像，而被譽為藝術之橋。

　　最熱愛查理士橋的國家，非曾多次發行其相關郵票的捷克斯拉夫莫屬了。捷克斯拉夫在1968年6月22日發行一套小全張，紀念捷克斯拉夫發行第一枚郵票滿五十周年，主題選用首都布拉格的地標——布拉格城堡，中間的尖塔是聖維塔大教堂，前面就是著名的查理士橋。小全張的正下方還複印捷克斯拉夫的第一枚郵票。

1976年6月23日，捷克斯拉夫發行一套為1978年布拉格國際郵展所作的宣傳郵票，圖案主題是首都布拉格的著名建築物。由於本套屬於航空郵票性質，所以設計者將各種飛機的陰影印在圖案中央，相當有立體感，彷彿飛機就在上空飛越，這在郵票圖案設計上可說是一項創新，值得仔細欣賞。

◆ 面值60 h／中間的高塔是西特卡抽水塔（Šitka，供應新城區），緊鄰水塔的是馬內斯（Mánes）藝廊，後面是蘇菲亞島，左上是跨越伏爾塔瓦河上的紀拉斯克橋（Jiráskův），右上角是TU-134型噴射客機的陰影。

◆ 面值1.60Kčs／位於北區森林公園的國會議事堂，畫面正中央是IL-62型噴射客機的陰影。

◆ 面值2Kčs／查理士橋西端的橋塔，原來作為守護橋的監視塔。郵票上方是Mil-8型直昇機的陰影。

◆ 面值2.40Kčs／查理士橋東端的橋塔，左邊的高塔是供應舊城區的抽水塔，緊靠河畔的是史麥塔納（Smetana，捷克最偉大的作曲家）紀念館，在郵票上留下陰影的是IL-18型客機。

◆ 面值4Kčs／舊城區廣場，最左邊的尖塔是舊市政廳，右上方的雙尖塔是「天」大教堂（Týnský Chrám），上面有IL-62型噴射客機的陰影。

◆ 面值6Kčs／位於西北的布拉格城堡，上方的尖塔是聖維塔大教堂，郵票中央有YAK-40型噴射客機的陰影。

　　捷克斯拉夫為紀念發行第一枚郵票滿六十周年，以及1978年的布拉格國際郵展，在1978年9月10日發行一套小全張，主題還是不忘採用布拉格最著名的查理士橋。

（五）跨越多瑙河的七座布達佩斯橋樑

　　匈牙利在1964年11月21日為紀念重建的伊莉莎白橋開通，發行一套郵票及世界第一款裱銀粉的小全張，以位於首都布達佩斯、跨越多瑙河的七座橋樑為主題，面值由小至大的排序是依據橋樑跨河位置由上向下的順流方向。

◆ 面值20 f／阿巴得橋（ÁRPÁD-HÍD）

◆ 面值30 f／馬宜特橋（MARGIT-HÍD）

◆ 面值60 f／鏈橋（LÁNCHÍD）

◆ 面值1Ft／伊莉莎白橋（ERZSÉBET-HÍD）

◆ 面值1.50Ft／自由橋（SZABADSÁG-HÍD）

◆ 面值2Ft／裴推菲橋（PETÖFI-HÍD）

◆ 面值2.50Ft／南鐵路橋（DÉLI
　ÖSSZEKÖTÖ VASUTÍ HÍD）

◆ 小全張中面值10Ft
的郵票,以伊莉莎
白橋為主角,背景
是布達宮,橋下有
一艘浮水翼船。郵
票上方印有一架噴
射客機,「LEGI-
POSTA」即為航空
郵政之意。

　　匈牙利在1985年10月15日發行一款非常別緻的小全張,紀念當年10月15
日至11月25日在布達佩斯舉行的歐洲安全合作會議與文化論壇,內含一枚圓
形郵票,郵票圖案是布達佩斯的跨多瑙河橋樑,由前至後依序是馬宜特橋、
鏈橋、伊莉莎白橋、自由橋、裴推菲橋,左岸的圓頂建築物是國會殿堂,右

岸的圓頂建築物是布達宮。

郵票的外圍環有按字母順序排列的與會國家國旗，由左下至右下分別是美國、比利時、保加利亞、塞普路斯、捷克、丹麥、芬蘭、法國、希臘、荷蘭、愛爾蘭、冰島、南斯拉夫、加拿大、波蘭、列支敦斯登、盧森堡、匈牙利、馬爾他、摩納哥、英國、東德、西德、挪威、義大利、奧地利、葡萄牙、羅馬尼亞、聖馬利諾、西班牙、瑞士、瑞典、蘇聯、土耳其、梵蒂岡，與國旗相連結的「KULTURÁLIS FÓRUM」字樣，即「文化論壇」之意。

國旗的左、右側各有五個圓圈，左側五圈表示：音樂、寫作、電視攝影、建築、瓷藝，右側五圈則表示：唱歌、繪畫、戲劇、雕塑、教育。

本小全張共發行二十六萬零三百套，右下角的「029063」即爲發行編號。

（六）跨越多瑙河的各國橋樑

匈牙利在1985年2月12日發行橋樑專題郵票及小全張各一款，圖案主題是跨越多瑙河的橋樑，面值由小至大的排序是按橋樑跨河位置，由下往上溯流。

◆ 面值1Ft／位於塞爾維亞的諾米・沙得（Novi Sad）斜張橋。
◆ 面值1Ft／位於匈牙利南部的巴雅（Baja）鐵路橋。
◆ 面值2Ft／位於布達佩斯（Budapest）的阿巴得橋。

◆ 面值2Ft／位於布拉提斯拉瓦（Bratislava）的斜張橋。

◆ 面值4Ft／位於奧地利的維也納（Wien）國家橋（Reichsbrücke）。

◆ 面值6Ft／位於奧地利南部的林茲（Linz）斜張橋。

◆ 面值8Ft／位於德國南部的雷根斯堡（Regensburg）磚石橋。

◆ 小全張中面值20Ft的郵票以伊莉莎白橋為主題，背景是七座橋樑的分布圖，右下方的
「DUNA-HIDAK」即「多瑙河橋樑」之意。本款小全張共發行27萬8300張，左下角即印有發
行編號「008338」。

◆ 加蓋首日紀念戳的小全張，紀念戳內刻有伊莉莎白橋，左下角是發行編號「015983」。

（七）艾菲爾鐵塔

　　艾菲爾鐵塔（Eiffel Tower）是巴黎最著名的地標、建築史上的技術傑作。1889年法國政府為籌備法國革命一百周年博覽會，舉辦紀念性建築物的設計競賽，徵得一百多個方案，最後奪標的是橋樑工程師古斯塔夫·艾菲爾（Gustave Eiffel, 1832~1923）設計的300公尺高鐵架塔。這在當時被稱為前所未有的設計，引起廣泛的討論，而艾菲爾設計的鐵塔之所以入選的原因，其實就在於它的優點與特色。

　　注重力學與美學結合的鐵塔造型，正是艾菲爾的重點設計訴求。就力學的觀點來看，四個半圓形拱彼此相連形成穩固的基座，接著往上內縮呈小圓弧狀撐起一座高鐵架；就美學觀點來看，鐵塔整體造型的外觀如同一雙美女倒立的纖細玉腿。

　　300公尺高的鐵塔，是當時全世界最高的建築物，對那個時代的科技來說是一項嚴峻的挑戰，因為越高的建築物越有安全考量問題。而艾菲爾鐵塔的鋼架設計成鏤空網狀的優點是：

1. 可以承受較大的風壓及減輕鐵塔的重量。
2. 施工期短（1887～1889年，前後共二十六個月）、節省人工（300名鐵架工人），自然降低費用。

◆ 法國在1982年12月18日發行一枚古斯塔夫·艾菲爾150周年誕辰郵票，圖案主題是艾菲爾本人，背景是艾菲爾鐵塔的鐵架。圖為蓋上發行首日紀念郵戳的郵票發行首日封，首日封的左邊是艾菲爾站在鐵塔前。

由於艾菲爾是一位橋樑工程師，所以他將曾經設計過的鐵路半圓形拱橋結構方式運用到鐵塔的底部支架，便成爲艾菲爾鐵塔安全性最有說服力的靠山。

　　瓦里斯與富圖納群島（WALLIS ET FUTUNA，法國位於南太平洋的屬地）在1983年2月14日發行一枚艾菲爾紀念郵票，中間是古斯塔夫・艾菲爾的頭部素描，背景左邊是艾菲爾鐵塔，右邊是艾菲爾負責建造的加拉比（GARABIT）鐵路拱橋。

　　下圖爲本枚郵票的精緻試印版張（Deluxe Die Proof，或稱豪華試模版張），右下角所印「IMPRIMERIE des TIMBRES-POSTE- FRANCE」，即意指「法國・郵票印製廠」。當郵票的模版製妥、用色也調好，就必須試印幾張做仔細檢查，如果郵票本身是相當熱門的專題，相關的試印版張自然就成爲郵迷追逐的焦點，後來印製廠應郵迷的殷切需求，往往會多印一兩百張透過代理商出售，每一款的售價大約在60至100美元之間。

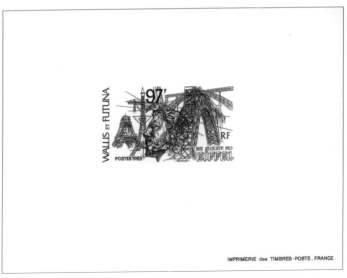

法國（REPUBLIQUE FRANÇAISE）在1952年7月5日發行一枚「加拉比拱橋」（VIADUC DE GARABIT）郵票。加拉比拱橋由艾菲爾負責建造，施工於1881年至1884年，位於法國中南部奧弗涅（Auvergne）地區，跨越徒葉（Truyère）河，橋長564.65公尺、橋拱跨幅165公尺、橋柱高80公尺、橋距河面122.20公尺。下圖為本枚郵票的首日封，左上角是艾菲爾肖像。

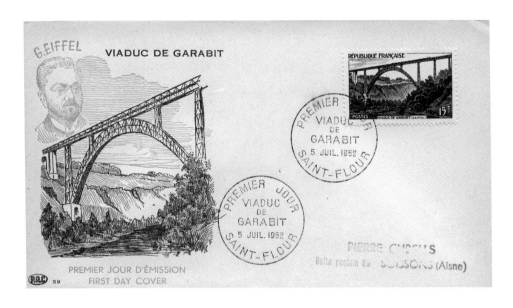

（八）日本跨瀨戶內海大橋

　　日本主要由四個大島組成，其中最大的是本州島，最小的是四國島，兩島之間隔著瀨戶內海，自古以來都靠渡船聯絡。四國的發展受海阻隔，無法和本州連成一氣，因而顯得比較落後。

　　1888年，四國香川縣議員大久保諶之丞在丸龜至琴平間的鐵道開通儀式上，首先提出以瀨戶內海中的鹽飽諸島（三十個小島的總稱）為橋台的跨海

大橋，當時稱為「本四架橋」（即架在本州與四國間的橋樑）。之後日本政府開始考量架橋的可行性，但是受限於當時的科技與經費，遲遲未能提出具體方案，直到戰後日本經濟復甦，四國的地方民意代表再度提出請願，終於在昭和45年（1970年）7月成立「本州四國聯絡橋公團」，規劃出由東至西的A（神戶～鳴門），D（兒島～坂出），E（尾道～今治）三條路線。昭和52年（1977年）依內閣會議的「第三次全國總合開發計畫」決定興建，昭和53年（1978年）10月10日舉行「兒島～坂出」的瀨戶大橋起工大典，本州從岡山縣倉敷市兒島的名勝鷲羽山、四國則從香川縣坂出市的番之州開始動工。

經過九年六個月投入九百萬延人工時，總經費1兆1千300億日圓，在昭和63年（1988年）4月10日正式開通，成為世界上規模最大的道路和鐵路並用橋，上層是四線道的自動車專用道路、下層是鐵路，跨越海峽中的櫃石島、岩黑島、羽佐島、與島、三子島等五座小島，分別建立了六座跨海橋樑，依序是：下津井瀨戶大橋（長1447公尺）、櫃石島橋（長792公尺）、岩黑島橋（長792公尺）、與島橋（長611公尺）、北備讚瀨戶大橋（長1611公尺）、南備讚瀨戶大橋（長1723公尺）。

其中工程最艱鉅的當屬南備讚瀨戶大橋，它採用吊橋方式，兩支架間隔1100公尺之長，居世界第五位。身兼鐵道迷與橋樑迷的我與長子，自從五年前左右在網路上看到氣勢雄偉、壯觀的瀨戶大橋之後，就一直計畫實行一次過橋之旅，因為旅行業者鮮有此種路線的規劃，所以只能自由行。2003年5月我自金融界退休後，內人就建議我趁著暑假帶長子去日本看瀨戶大橋，於是在該年7月，這趟過橋之旅終於成行！從東京搭新幹線到岡山，再轉乘跨海線列車到四國的宇多津，途中經過瀨戶大橋時，近看大橋鋼架快速地往後跑過、遠眺海峽內的鹽飽諸島與碧藍海面，長子興奮無比地拿起相機猛拍窗外景色；拜此之賜，讓我深刻體會到了親子旅遊與一償宿願的怡情樂趣。

◆ 2003年7月，筆者站在
宇多津海濱公園，背景
由左至右分別是北備讚
瀨戶大橋、南備讚瀨戶
大橋。

　　日本郵局在瀨戶大橋開通前兩天，即昭和63年（1988年）4月8日，發行
一套「瀨戶大橋開通記念」（依辭學之意，日本用的「記念」才是正確的）
郵票，圖案採用渡邊三郎的兩幅東洋畫作。下圖為貼上郵票、蓋有發行首日
紀念郵戳的原圖卡。

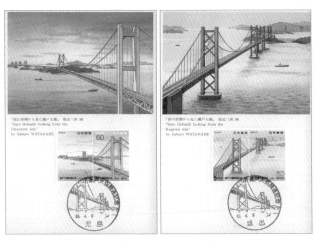

◆ 「從岡山縣側看的瀨戶大橋」，即下津井瀨戶大橋。圖卡上蓋有「兒島」郵局的發行首日紀念郵戳。
◆ 「從香川縣側看的瀨戶大橋」，即南、北備讚瀨戶大橋。圖卡上蓋有「坂出」郵局的發行首日
　紀念郵戳。

（九）西螺大橋

　　西螺大橋跨越台灣最大河流濁水溪，居於當時南北交通要道縱貫公路的中心點，橋長1939.3公尺，寬7.32公尺，共計有三十一個橋孔，是遠東地區最長的公路橋。

　　日據時代，地方人士一再陳情興建跨越濁水溪的橋樑，1937年10月終於動工，而為了減少施工的障礙與危險，只能利用冬季枯水期施工，所以一直到1940年3月才完成三十二座橋墩，後來因為發生珍珠港事變，日本軍方徵調建橋鋼筋運到海南島修築碼頭，工程全部停擺。1952年5月29日復工，鋼樑由美國提供經濟援助，橋面安置鐵軌，以連絡兩岸台灣糖業公司的鐵路網。

　　西螺大橋在當年是台灣第一項重大交通建設，負責監工的技師和施工人員士氣都十分高昂，施工順利、進度超前，最後十一孔鋼樑的架設，僅耗費七日半，其中一孔，更僅費時6小時又20分鐘，所以提前在1952年12月25日完工，1953年1月24日舉行落成典禮，1953年1月28日舉行通車典禮。

　　本專題以我的故鄉「西螺大橋」為壓軸，原因有二：

　　第一，就情感而言，負責「西螺大橋」鋼架設計與監工的總工程師，正是我內嬤（內祖母）的姪兒，而我的故居老家就在橋頭引道旁（西螺鎮延平路）。

　　第二，發行「西螺大橋」落成紀念郵票時，所附帶發行的一種紀念小冊，是台灣發行的第二種小冊子，由於只發行少少的一萬冊，因此十分珍貴。我剛開始集郵時就知道此項珍品，無奈行情已高（1970年代初期約在1000至1500元之間，是當時一般人半個月的收入），只好放棄購買念頭。1980至1990年代是台灣郵票的飆漲期，我的收入雖然逐年漸增，但總追不上漲幅，而國內郵商出售的品相又普遍欠佳，如郵冊的釘針生鏽以致腐蝕到裡面的小全張，所以都買不下手。直到1999年，我在美國著名郵商REGENCY

STAMPS, LTD. 的拍賣目錄上發現此珍品，底價是500美元，最後以600美元得標，加上15%手續費與郵費、保險費，總共是710美元。收到郵件趕緊打開檢查品相，果然著名郵商必有其信譽，郵冊的釘針完全沒有生鏽，和剛發行的新品（英文稱爲mint）差不多，總算鬆了一口氣，完成多年來的心願。

　　郵局在1954年1月28日爲西螺大橋通車一周年，所發行的這套紀念郵票及內含小全張的小冊，圖案以大橋之橋頭及側面攝影爲主題，四周框闊花邊，其中尤以面值1.60圓及3.60圓的框邊內容最爲精彩。面值1.60圓郵票的左、右兩邊，由上至下分別刻有「蘇武牧羊北海」、「花木蘭代父從軍」、「岳母刻精忠報國於岳飛背上」、「句踐臥薪嚐膽」等歷史故事，面值3.60圓郵票則刻上「孔子周遊列國圖」。

　　此系列郵票各面值的發行數量分別爲：

◆ 面值0.40圓／200萬枚

◆ 面值1.60圓／100萬枚

◆ 面值3.60圓／40萬枚

◆ 面值5.00圓／30萬枚

紀念小冊封面爲西螺大橋全景，內容除合印上述四款郵票的小全張外，並附上法文、英文、中文說明，簡述西螺大橋的功能與施工過程。

◆ 小冊封面

◆ 小冊背面

◆ 小冊內之小全張

◆ 小冊內之中文說明

The Silo Highway Bridge

Silo Bridge over Taiwan's largest stream, the Cho-Shui-Chi, on the North-South Highway of the Island with a length of 1938 meters in 31 spans is considered the longest highway bridge in the Far East. Its completion eliminated the gap at Silo, saving a détour of 85 kilometers by vehicles going from Silo to its opposite bank.

ECA China Mission, now FOA-MSM/C helped with structural steel trusses. A 24 feet wide reinforced concrete roadway and a railway track connecting the Taiwan Sugar Corporation railway system spread over the bridge.

The entire work made noticeable records. Last 11 spans were erected in $7\frac{1}{2}$ days; one of them, only $6\frac{1}{2}$ hours.

The bridge was officially opened to traffic on January 28, 1953, by Premier Chen Cheng.

The successful completion of the bridge demonstrates fully the strength of Sino-American cooperation, and the excellent accomplishment in Free China's speedy advance in re-construction during the past several years.

◆ 小冊內之英文說明

西螺大橋

147

PART 2 追逐科技

BASE LANCEMENT
NAVETTE X 33

一、方寸間的交通工具

在科技主題郵票部分，要介紹造型展現藝術風格的交通工具專題郵票。交通工具共分為陸運、水運、空運等三大類，就全球集郵界最熱門的專題而言，各大類的代表性交通工具分別如下：

陸運：鐵路（英國：railway，美國：railroad）的機關車與列車（train）、汽車（automobile），鐵路以世界各國的高速列車與大眾捷運系統最熱門，汽車則以福特、朋馳為最為搶手。

水運：又分為海運船舶與河運船舶，海運的豪華客船、河運的歐洲多瑙河船舶最為炙手可熱。

空運：包括飛機與飛船，分別以噴射客機和德國的齊伯林飛船為搶手貨，而噴射客機中又以協和式超音速客機與波音747型巨無霸客機最受歡迎。

本書所介紹的交通工具，以結合現代最先進的尖端科技與造型優美的藝術設計者為主，當然，追求古典藝術風格造型的人也不在少數，因此我也會在各類中介紹各國的古典風格經典代表作品。

在交通工具專題郵票中，有一大類是綜合性的，也就是一套郵票的主題或是單枚郵票的圖案包含陸、水、空運三類，而綜合類之中發行目的最特別的是「交通展覽會」及「交通博物館」的郵票，在此各挑選最具代表性的兩套詳述介紹。

（一）交通展覽會

　　西德爲慶賀其南部最大都市慕尼黑舉辦德國交通展覽會（展覽期間爲1953年6月20日至10月11日），在開幕當天發行一套以交通工具爲主題的紀念郵票，圖案右側由下至上的「DEUTSCHE BUNDESPOST」文字，即指「德意志聯邦郵政」。每一枚郵票都包含展覽會的標誌，標誌圖案中間是慕尼黑的地標聖母大教堂（Frauenkirche），外環上弧的「DEUTSCHE VERKEHRSAUSSTELLUNG」即「德國交通展覽會」，下弧的「MÜNCHEN 1953」指的是「慕尼黑1953年」。

　　在這張明信片上，紀念郵戳外環的德文和展覽會標誌的排序正好相反，MÜNCHEN印在上弧，中間有特技表演者左手持傘、右手拿箱子、腳踩單輪車，模樣相當有趣。上頭的郵票由左至右分別爲：

◇ 面值4分尼／在鐵路奔馳的旅客列車及指揮員手持通行信號牌。
◇ 面值10分尼／飛機及信鴿銜著一封信。
◇ 面值20分尼／在街道行駛的汽車及顯示紅燈的交通號誌。
◇ 面值30分尼／在河道航行的船舶及河面的信號旗浮標。

當年紀念德國交通展覽會的會場風景明信片分成四格圖案：

◇左上：1835年德國第一輛蒸汽機關車「鷹」號（DER ADLER）行駛於第一條鐵路，由紐倫堡至富德（Nürnberg-Fürth）。
◇右上：登山纜車（Die Bergbahn）。
◇右下：在會場供參觀者乘坐的小型火車（Liliputbahn）。
◇左下：會場主要入口的大型展示板（Schaubild am Haupteingang），左邊以翅膀象徵飛行，中間以圓圈象徵車輪及船用螺旋槳，右邊以風帆象徵船舶。

1965年6月25日，西德再次為慶賀慕尼黑主辦國際交通展覽會（展覽期間自1965年6月25日至10月30日），在開幕當天發行一套以交通工具為圖案主題的紀念郵票，圖案左側的「INTERNATIONALE」即「國際」，下邊的

「VERKEHRSAUSSTELLUNG」即「交通展覽會」，右側的「DEUTSCHE BUNDESPOST」則爲「德意志聯邦郵政」，各枚郵票的主題分別是：

◆ 面值5分尼／道路的交通標誌及紅、黃、綠燈交通號誌。
◆ 面值10分尼／左上方是通訊衛星，右邊是地面通訊站。
◆ 面值15分尼／上是現代郵務公車，下是最早使用的郵務公車。德國、奧地利、瑞士等中歐國家的郵務公車，除了運送郵件外也載客。
◆ 面值20分尼／左邊是在電報發明以前所使用的信號傳遞站，右邊是現代電訊傳送塔。

◆ 面值40分尼／上是現代的E10.12 Bo-Bo（表示前後各有兩軸動輪）Krauss-Maffei廠製造的電力機關車，下是德國第一輛蒸汽機關車「鷹」號。
◆ 面值70分尼／上是1939年建造完工的「布雷門」（Bremen）號越洋豪華客輪（總噸數32,360），下是1855年啓航的「漢摩尼亞」（Hammonia）號越洋蒸汽掛帆客輪。
◆ 西德趕在開幕之前，為了替交通展覽會作國際宣傳，同時配合慶祝德國航空公司戰後復業10週年，先於4月1日發行一枚面值60分尼的紀念郵票，圖案左側是太空艙，中間是德國航空公司使用的波音727型中短程噴射客機，其特徵是三具噴射發動機裝在機身尾部，載客162～189位，巡航時速895公里，可持續飛行4445公里。

下圖爲60分尼紀念郵票首日封，蓋有發行當天慕尼黑郵局的紀念郵戳，郵戳的上半部刻有一架波音727型噴射客機飛越地球上空的圖案，首日封的左邊爲德國航空公司的波音727型噴射客機，圖案上所印德文「ERSTTAGS-BRIEF」即爲「首日封」之意，圖案右下角紅底黑字的「IVA」，就是國際交通展覽會的德文簡寫。

　　右頁上圖爲德國航空公司戰後復業十周年紀念封，因爲德國航空公司總部位於法蘭克福，所以蓋有法蘭克福郵局的紀念郵戳（FRANKFURT AM MAIN，後兩字表示「在美因河畔」之意），郵戳中並刻上德國航空公司的標誌，以及兩行德文「1. April 1965」、「LUFTHANSA weltweit」，分別代表了「1965年4月1日」和「飛行同盟‧世界性的」。首日封的左上角圖案是法蘭克福的Römer舊市政廳，其下的「10 Jahre Lufthansa」則是「德國航空公司十年」之意。「LUFTHANSA」就是德國航空公司的德文名稱，其原意是「飛行同盟」。

上述七枚郵票曾創下一項世界新紀錄，就是國際交通展覽會的主辦當局為配合提升參觀者的集郵興趣，特地商請郵票印製廠將印製機器運到展覽會場，換句話說，參觀者在現場可以看到此套郵票的完整印製過程，當然在會場也設置臨時郵局出售本套郵票。由於20分尼的郵票正好是當時德國貼普通信的基本郵資，所以大多數的參觀者都購買此面額的郵票貼在紀念信封上，結果創下德國紀念郵票的最高發行量紀錄，包括發行日之前已印製的部分，共計一億枚。

◆ 20分尼紀念郵票首日封，左邊為在展覽會場印製20分尼紀念郵票的實際情形，操作員正在檢視剛印出來的20分尼整版郵票（直排10枚橫列5枚，整版一大張共50枚）。

當年紀念國際交通展覽會的會場風景明信片圖案共分成六格，內容分別是：

◇ 正中：左方紅底黑字「IVA」是展覽會的標誌，右方的黃底印有三行德文「ERSTE」、「Weltausstellung」、「des Verkehrs」，分別是「第一屆」、「世界性展覽」、 「交通」之意。黑、紅、黃三色正是德國國旗的組合顏色。
◇ 中上：展覽會的廣場豎立參展國的國旗。
◇ 左上：太空站，最引人注目的是第二次世界大戰末期德國發射的V-2飛彈。
◇ 右上：展覽會的展望塔及通往會場的高架單軌電力列車（monorail）。
◇ 右下：慕尼黑的黎姆（Riem）機場，停放著德國航空公司的波音727型噴射客機（左）開放民眾參觀，稍遠處是法國製的「輕帆船」（Caravelle）型噴射客機。
◇ 左下：鐵路展示場陳列當年歐洲各國最新型的機關車、客車。

當時我國也受邀參展，交通部郵政總局派員前往設立服務處，並提供一種特別郵戳供參觀者加蓋以為紀念。我在五年前從英國郵商標到一箱德國鐵道專集封片（約五百多種），當時收到後雖經過整理，但未發現蓋在紀念郵戳片背面的此枚紀念戳，直到為了出這本書，將珍藏多年的郵品作徹底大檢閱，這張紀念郵戳背後的玄機才得以面世。

　　這枚郵戳發表距今算起來正好過了四十年，當年還在就讀成功高中的我已經開始集郵，記得一些集郵前輩常談及要收集「在國外參展使用的特別郵戳」真是比登天還難。當時主要的集郵資訊就是郵局發行的《今日郵政》月刊，裡頭都會報導國外參展特別郵戳的消息。我曾向北門郵局集郵窗口詢問如何才能購得這些在國外參展的郵品，答案總是非得到當地會場走一趟不可，國內的集郵同好莫不沮喪。經過集郵界的一再陳情、反映，一直到了1970年代初期才終於順應「郵」情，北門郵局集郵窗口偶爾會出售「外展紀念封」。然而，最初的出售量僅一千封左右，雖然郵局規定每人限購十封，但這類搶手貨老是一出就被掃空，因此除非經常跑集郵窗口，大多數的郵迷仍然常因後知後覺而搥胸頓足。

　　這種情況也顯現出此枚郵戳的可貴，每次我將此郵戳「秀」給幾位老字

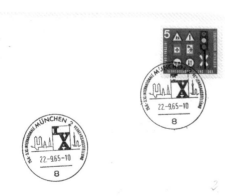

◆ 紀念郵戳片正面。

◆ 背面，意外發現當時我國參展的紀念郵戳。

交通展覽會
157

號郵商和資深集郵家欣賞時，眾人無不表示第一次看到。此片在國外應該也不多見，所以前任收藏家才會在背面的最下邊用鉛筆寫上「Formosa」，還加了一個驚嘆號。而這種意外獲得驚豔珍品的經驗正是集郵的最大樂趣所在，我在當時用了約600英鎊（包括運費）標到一整箱，平均一片1.1英鎊，經估價現在這些寶貝約值20英鎊，這也稱得上是「集郵致富」的一個實例了。

（二）交通博物館

　　匈牙利在1959年5月26日爲位於首都布達佩斯的交通博物館發行一套郵票，共有八枚，圖案以該館所陳列的交通工具爲主題。

◆ 面值20 f／1847年匈牙利人親自設計的第一輛「Deru」日光號蒸汽機關車。
◆ 面值30 f／當時所使用的Ganz Hargita型三輛聯成一組的柴油動力車。
◆ 面值40 f／匈牙利鐵路專用的信號燈（亮紅燈）。
◆ 面值60 f／匈牙利最初使用的小型公共汽車。

◆ 面值1 Ft／當時使用的伊加路斯牌（Ikarusz）大型公共汽車。
◆ 面值2 Ft／1846年在巴拉頓湖（Balaton）航行的Kisfaludy號蒸汽輪船模型。Balaton意指淺底大盤，該湖位於匈牙利西部，長達77公里，是中歐最大湖。
◆ 面值2.50 Ft／兩位女士正要搭乘驛馬車。
◆ 面值3 Ft／由Aladár Zéslyi製造的蜻蜓式飛機。

匈牙利的貨幣換算單位是100菲勒（fillér）＝1富林（Forint）。

交通博物館原先是1896年舉辦匈牙利建國1000年紀念展的建築物，最初只陳列與鐵路有關的展示品，後來才增設船、飛機、汽車等部門，所以至今與鐵路有關的展示品仍佔一半以上。

匈牙利郵局自1950年起除了發行一般通用的打齒孔郵票外，為吸引集郵家的目光，特別發行不打齒孔的郵票。上述郵票打齒孔的共發行三十六萬零一百套，沒打齒孔的僅三千四百二十三套，售價按票面價值十倍出售。後來，由於國際集郵聯盟本著郵票發行正常化的理念，希望各國郵局不要為集郵家發行溢價郵票（集郵界稱為「集郵專用郵票」），而匈牙利郵局在共產黨政權垮台後，也響應國際集郵聯盟的主張，自1992年起不再發行沒打齒孔的郵票。當時發行無齒孔郵票的主因，是匈牙利政府為賺取美元、西德馬克等強勢貨幣作為外匯存底。美、德等國大郵商每年負責包銷一定數量的有齒孔郵票，匈牙利郵局再按比例搭配無齒孔郵票，因此無齒孔郵票大都被美、英、德等國的大郵商掌控，一般郵迷當然只能透過大郵商購得。

打齒孔的郵票，通稱有齒票，英文稱為perforate（簡稱perf.）；沒打齒孔的郵票，通稱無齒票，英文稱為imperforate（簡稱imperf.）。

1959年5月26日，匈牙利郵局為紀念在漢堡舉行的國際集郵聯盟會議，發行一款特殊小型張，包含四枚郵票和四枚無面值的貼紙，郵票的圖案和面值，與前述面值2.50Ft的郵票相同，兩者不同之處在於刷色與齒孔：前者底色是淡綠色，而此枚底色是淡黃色；前者齒孔長15度、寬15度，而此枚齒孔長11度、寬11¹/₂度；另外此枚底部印有郵票設計者的姓名NAGY ZOLTÁN。

在郵票上方的無面值貼紙上，黑色圓圈內有一封信，左邊捲帶印有HAMBURG（漢堡）的圖案，為此次會議的標誌，貼紙上方的兩行法文「CONGRÈS DE LA FÉDÉRATION」、「INTERNATIONALE DE PHILATÉLIE」，分別意指「聯盟會議」、「集郵國際」，下方兩行匈牙利文「NEMZETKÖZI FILATÉLIAI」、「SZÖVETSÉG KONGRESSZUSA」，則是「國際集郵」、「聯盟會議」之意。

◆ 有齒小型張共發行59,412張，現在行情約為20歐元。

◆ 無齒小型張共發行15,000張，現在行情約值100歐元。

量齒孔尺

郵票齒度是計算齒孔的數目，10度即長度2公分內打了10個圓孔，日本人稱之為「目打」（meuchi），其意為2公分內打了10目（次）孔。同樣圖案的郵票在加印時為了和前一版區別，印製廠就會調整郵票齒孔數目，以兩版郵票相比，齒孔數目較多者稱為「密齒」，齒孔數目較少者稱為「疏齒」。因為齒孔小數目多，一般集郵者不易數得清楚，所以一些大郵商都會製作量齒孔尺送客戶作為宣傳品。

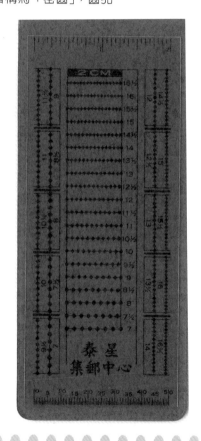

　　左圖為曾位於台北市中華商場的泰星集郵中心贈送給客戶的量齒孔尺，上方反白字體的「2CM」就是2公分之意。使用方法很簡單，將尺的正面朝上，置於郵票邊緣的齒孔做上下移動，再加以比對，與尺標的黑點完全符合者即為該郵票的齒度。

東德（DDR）在1977年9月13日發行一套郵票，紀念德勒斯登市交通博物館（Verkehrsmuseum Dresden）成立二十五周年，因為該館共分為鐵路、都市交通、飛機、汽車、船等五個展示部門，所以圖案就選用陳列於該館各展示部門裡，最具有代表性的交通工具。

　　圖為本套郵票的首日實際封（寄到加拿大的多倫多），首日郵戳中刻有一頂轎子，首日封右下角印的是博物館正面，博物館位於市中心的新廣場（NEUMARKT），五枚郵票分別貼在兩張信封上。

◇ 面值5分尼／1861年最老式的原型蒸汽機關車。
◇ 面值10分尼／1896年德勒斯登市行駛於街道的最老式電車。
◇ 面值20分尼／1909年德國自製第一架可飛行的動力飛機。
◇ 面值25分尼／1924年三輪動力汽車。
◇ 面值35分尼／1837年第一艘航行於易北河上游的蒸汽客輪。

郵此一說

　　德勒斯登市位於德國東部、靠近捷克之處，建於易北河上游，被稱為巴洛克時代最美麗的城市，曾經是薩克森邦的首都。

二、方寸間的鐵路

鐵路，英國叫「RAILWAY」，美國用「RAILROAD」。除了一般認知的火車外，廣義的鐵路專題郵票還包括：用馬牽引的鐵路車輛、市街上的有軌電車、地下鐵、捷運系統等。

2004年起，世界各國陸續發行第一輛機關車問世兩百周年（1804~2004）紀念郵票，造成一股熱潮。在歐美及日本等國，鐵路專題郵票還擠下鳥類專題郵票，登上最熱門郵票寶座，幾個有名的產「郵」國（指經常發行專題郵票的國家），如格瑞那達（GRENADA）、聖文森（ST. VINCENT）、獅子山（SIERRA LEONE）等都發行了三次，馬爾地夫（MALDIVES）甚至已經發行六次。

為了使讀者對鐵路專題郵票有基本性的全盤了解，以下各節依照鐵路動力車輛發展歷程排序，對各階段發展作簡要敘述，並介紹相關經典郵品。

（一）鐵路探索發明時代

西元1803年，英國人李察・崔韋席克（Richard Trevithick）首先利用蒸汽機的原理，將大型齒輪和汽缸組裝起來，製成世界第一輛蒸汽機關車，第二輛在1804年正式使用，每小時可以行走4公里，由於齒輪太大，司機只能在後面跟著前進，所以實用性不大。

西元1812年，英國人約翰・布倫金索普（John Blenkinsop）設計一種三軸車輪的蒸汽機關車，中間一軸是齒輪式，鐵軌外側裝上凸出圓柱型鐵齒，利用蒸汽推動齒輪前進，由馬太・慕雷（Mathew Murray）製造，使用於英格蘭的米道爾頓・科利里（Middleton Colliery）至里茲（Leeds）的鐵道。

西元1813年，威廉・赫得雷（William Hedley）改採內齒輪式帶動鋼輪前進，製成「冒煙的比利」（PUFFING BILLY）號蒸汽機關車增加速度及牽引力。

　　西元1825年，喬治・史提芬生（George Stephenson）製造的「機關一號」（LOCOMOTION 1）蒸汽機關車行駛於史托克頓與達靈頓鐵道（Stockton & Darlington Railway），此乃世界上第一條正式營運的公共鐵道，也是近代鐵路史的開端。

　　西元1829年，英國的利物浦與曼徹斯特鐵道公司（Liverpool & Manchester Railway）決定改用蒸汽機關車取代馬匹牽引列車，於是公開招募，10月6日至14日在雨丘（Rainhill）附近舉行競賽，共有七輛參加，其中四輛不符規定的條件被淘汰，決賽時只剩三輛，最後由史提芬生父子所製造，平均時速可達25.7公里的「火箭」（ROCKET）號奪標。史提芬生除了得到500英鎊的鉅額獎金（約合現在的300萬新台幣）以外，並且獲得製造七輛蒸汽機關車的訂單，從此以後鐵路的列車就逐漸成為路上的主要交通工具。

　　下面介紹的是以英國鐵路發展史中，具有代表性的機關車或列車為主題的郵票。

　　波蘭（POLSKA）在1976年2月13日發行一套機關車歷史郵票，其中四枚的圖案主題與早期的蒸汽機關車發展史有密切關係。

◆ 面值50GR／主題是1803年李察・崔韋席克製造的世界第一輛蒸汽機關車，右上角是李察・崔韋席克的肖像。

◆ 面值1 ZŁ／主題是1810年馬太・慕雷製造的第一輛外齒輪式蒸汽機關車，牽引著一節客車，上方是馬太・慕雷的肖像。

◆ 面值1.50 ZŁ／主題是1829年史提芬生父子所製造的「火箭」號蒸汽機關車，
  上方是喬治・史提芬生的肖像。
◆ 面值2.70 ZŁ／主題是1837年製造的「北星」（North Star）號蒸汽機關車，左上
  角是羅伯特・史提芬生的肖像。

郵此一說

波蘭貨幣以茲羅提（ZŁOTY）為主，格羅希（GROSZY）為
輔，1茲羅提＝100格羅希。

　　英國在1975年8月13日發行一套英國第一條公用鐵道（Public Railway）通
車一百五十週年紀念郵票，共有四枚，圖案分別是四個時代的代表性機關車。

◆ 面值7便士／喬治・史提芬生製造的「機關一號」（LOCOMOTION 1）蒸汽機關車，1825年行
  駛於第一條公用鐵道──史托克頓與達靈頓鐵道。
◆ 面值8便士／德魯孟德（Drummond）設計的維弗利級（Waverley Class）的「亞伯斯弗」
  （ABBOTSFORD）號蒸汽機關車，1876年行駛於北英國鐵道（North British Railway）。

◆ 面值10便士／城堡級（Castle Class）的「卡菲利古堡」
（Caerphilly Castle）號蒸汽機關車，1923年行駛於大西部鐵道
（Great Western Railway）。
◆ 面值12便士／1975年英國鐵道啓用行駛於城市間的高速列車
（British Rail Inter-City Service HST）。

保加利亞人民共和國（НРБЪЛГАРИЯ，保加利亞語屬斯拉夫語系，使
用與俄文相同的Cyrillic字體）在1983年10月20日發行一套具有歷史意義的蒸
汽機關車專題郵票。

◆ 面值5分／1803年李
察・崔韋席克製造的
世界第一輛蒸汽機關
車。
◆ 面值13分／1810年馬
太・慕雷製造的三軸
車輪蒸汽機關車。
◆ 面值42分／1812年威
廉・赫得雷製造的
「冒煙的比利」號蒸
汽機關車，1813年公
開運轉。
◆ 面值60分／1835年喬
治・史提芬生替德國
製造的「鷹」號蒸汽
機關車。

本套在發行時，原先並不知道確實數量，後經證實僅十萬套，加上圖案筆調活潑、色彩艷麗，消息傳出後在西歐的集郵市場立即掀起一陣搜購風，反應快的郵迷越洋向紐約郵商訂購。過了一個多月，美國郵商終於了解究竟是怎麼一回事了，於是紛紛調整零售價格，我當時曾透過台北市專門進口外國郵票的郵商向紐約郵商訂購，兩次得到「請等待」的答覆，後來也沒下文。直到四年前我從加拿大郵商標到兩本鐵路專題郵票，終於從中找到了本套郵票，令我大為欣喜。本套原來的面值僅約1美元，在西德曾漲到10馬克（約5美元）。

（二）鐵路開拓發展時代 ——————————

　　到了1830年代，歐洲大陸各國開始自英國引進蒸汽機關車，最初是授權製造，後來自行研究發展，直到十九世紀末歐美各國已有完整的鐵路網，此段期間稱為鐵路開拓發展時代。各國第一條鐵路的通車年份分別是：美國1831年，法國1832年，比利時、德國1835年，加拿大1836年，奧地利、俄國1837年，荷蘭、捷克、義大利1839年，瑞士1847年，印度1853年，日本1872年，中國1876年，台灣1891年基隆至台北。

　　以下即介紹各國為慶賀鐵路通車周年而發行的紀念郵票。

　　德國在1935年7月10日發行一套鐵路百周年紀念郵票，除了第一枚外，其餘三枚都採用當時德國國有鐵路性能最佳的動力車為主題，以展現德國的科技實力。

◆ 面值6分尼／1835年「鷹」號蒸汽機關車牽引客車首次於第一條鐵路（紐倫堡至富德）通行的情景。

◆ 面值12分尼／1930年製造的03型蒸汽機關車牽引旅客列車，此為當時德國最普及的機關車，動輪直徑200公分，最高時速可達130公里。

◆ 面值25分尼／由兩輛編成的柴油電動式車組，1932年製造，因通行於漢堡與柏林之間，而被取名為「飛行漢堡人」（Fliegender Hamburger），曾在1939年創下時速215公里的世界紀錄。

◆ 面值40分尼／1935年製造的05流線型蒸汽機關車牽引旅客列車，動輪直徑230公分，002號在1936年5月11日曾創下時速200.4公里的世界紀錄，成為歐洲大陸最快速的蒸汽機關車。

　　瑞士（HELVETIA為瑞士的正式國名）在1947年8月6日發行一套鐵路百周年紀念郵票，由世界最著名的銅版印製廠哥瓦錫（COURVOISIER S. A.，印於郵票右下角）套印三色，從當時只能印單色的技術來看相當先進。

◆ 面值5分／套印黃、暗綠、黑三色，第一輛蒸汽機關車「林馬特」（Limmat）號，通行於由巴登（Baden）至蘇黎世（Zürich）的第一條鐵路。

◆ 面值10分／套印暗棕、黑兩色，1917年製造的C 5/6型蒸汽機關車，通行於聖哥達鐵道（St. Gotthard Railway）。

◆ 面值20分／印朱紅色，RAC 4/8型電力機關車牽引聖哥達旅客特快列車經過山明水秀的盧加諾（Lugano）湖畔。

◆ 面值30分／套印青、灰藍、藍三色，位於巴塞爾（Basel）跨越萊茵河的鐵路拱橋，橋上有兩列車通過，左線是Ae 3/6型電力機關車牽引旅客列車，右線是Be 6/8型「鱷魚」式（因外形似鱷魚而得名）電力機關車牽引貨物列車。

　　東德（DEUTSCHE DEMOKRATISCHE REPUBLIK）在1960年12月5日發行一枚鐵路一百二十五周年紀念郵票，其中兩枚的圖案展現出東德的鐵路科技成就：新型的機關車和運客車廂。

◆ 面值10分尼／雙層式的「社會主義青年快車」（EXPRESS JUNGE SOZIALISTEN）正通過號誌橋。

◆ 面值20分尼／旅客列車正進入「沙斯尼茲」（Sassnitz）號渡輪，右邊是沙斯尼茲海港站。

◆ 面值25分尼／1960年製造的180型液體式柴油動力機關車牽引雙層式快車，右側是1835年的第一輛蒸汽機關車「鷹」號。

奧地利共和國（REPUBLIK ÖSTERREICH）在1962年11月9日發行一枚鐵路一百二十五周年紀念郵票，面值S3（3西令），郵票最上方的一行德文：「125 JAHRE ÖSTERREICHISCHE EISENBAHNEN」，即「一百二十五周年奧地利鐵路」之意，上方用反白線條繪出1837年第一輛蒸汽機關車「奧地利」（Austria）號牽引一輛四輪旅客車廂，正中央的主角是1010型電力機關車，用雕刻版印製，雕工十分精細，是件難得佳作，在此推薦給諸位讀者仔細欣賞。

1977年11月17日，奧地利共和國在鐵路滿一百四十周年時，也發行一套紀念郵票。

◆ 面值1.50西令／1837年第一輛蒸汽機關車「奧地利」號牽引旅客車廂。

◆ 面值2.50西令／牽引快車專用的214.10型蒸汽機關車。

◆ 面值3西令／1044型電力機關車，時速可達160公里，出力達7250馬力，可以牽引載重貨物列車越過奧地利境內的所有山脈。

本套郵票採用當時最先進的印刷術，即雕刻與多彩平版同步印刷，雕工也十分精細，面值S2.50的線條表現，比前面介紹的奧地利鐵路一百二十五周年紀念郵票更具華麗的立體感，尤其機關車的大動輪和連桿刻得更是唯妙唯肖，值得讀者們用放大鏡仔細欣賞。

（三）鐵路機關車競賽時代

　　進入二十世紀，大眾化的汽車也出現了，鐵路已經不再是陸運的獨占者，尤其在短距離內，就方便性而言，火車不是汽車的對手。面對與日俱增的威脅，各國鐵路當局要求製造廠設計新型蒸汽機關車，於是加大蒸汽機關車的動輪直徑，提升蒸汽機的運轉效能與速度，務使比汽車跑得更快、更遠，才總算在長途客運方面穩住客源。此外，也由於牽引力增大，大幅提高了運送大量貨物的距離。機關車的動力來源，除了靠燃燒煤炭產生蒸汽之外，1930年代已有性能不錯的柴油發動和電力發動機關車出現，英、德、法等國也為機關車的速度彼此競賽，並且推出豪華客運列車吸引上流階層旅客，其中尤以「東方快車」（ORIENT EXPRESS）最有名氣。從十九世紀末到第二次世界大戰爆發為止，這段長約四十年的期間稱為機關車競賽時代。

　　這裡介紹各國以世界著名的機關車或列車為主題的紀念郵票。

　　瑞士在1962年3月19日發行一枚特別宣傳郵票，面值5分，圖案背景是歐洲的中、西、南部地圖，左上角是TEE標誌，主題為瑞士的穿梭歐洲快車（TRANS-EUROP-EXPRESS，簡稱為TEE），在1961年啟用的RAE 1050型交直

兩用電車組由六節車廂編成，其中一節是餐車，最高時速160公里，是當時
歐洲最豪華的特別快車。

　　1979年6月8日匈牙利為紀念在漢堡舉辦的國際交通展，發行一套世界鐵
路發展專題郵票，全套包括七枚郵票和一枚小全張，每一枚郵票皆印有展覽
會的標誌「IVA'79」，IVA是德文國際交通展的簡寫。

　　本套郵票由於圖案主題在鐵路發展史上皆具有代表性，加上設計印刷十
分精美，所以在漢堡國際交通展覽會場出售時大受觀眾歡迎，被德國集郵協
會票選為當年最美麗的鐵路專題郵票。

◆ 面值40f／1829年英國人史提芬生父子所製造的「火箭」號蒸汽機關車，首次在利物浦與曼徹
　 斯特鐵道比賽的情景。
◆ 面值60f／德國人西門子和哈爾斯克（SIEMENS & HALSKE）在1879年製造的世界第一輛電
　 力機關車，背景是當年在柏林工業展覽會場首次公開運轉牽引客車的情景。
◆ 面值1Ft／1836年美國的「拓荒者」（Pioneer）號蒸汽機關車牽引客車，通行於芝加哥與西北
　 （CHICAGO & NORTH WESTERN）鐵路。

◆ 面值2Ft／1883年匈牙利的MÁV I.e. SOR. 型蒸汽機關車
　 牽引當年首次通行的「東方快車」（匈牙利文為ORIENT
　 EXPRESSZ）。

◆ 面值3Ft／1898年俄國的2-3-0 TIP. 型蒸汽機關車牽引通行距離世界最長的「穿越西伯利亞鐵路快車」（匈牙利文為TRANSZSZIBERIAI EXPRESSZ）。

◆ 面值4Ft／1964年的０系「光」（HIKARI）號電力特快列車通行於東京至大阪間的東海道新幹線。

◆ 面值5Ft／1979年在漢堡（HAMBURG）國際交通展覽會場推出的新概念磁浮電力列車（匈牙利文為MÁGNESPÁRNÁS VASÚT）「穿越快速」（TRANSRAPID 05）號。

◆ 內含面值20Ft的小全張，上方是歐洲鐵路系統圖，下方是1973年匈牙利製造的GANZ-MÁVAG V63型002號電力機關車牽引客運特快列車。有齒小全張共發行26萬3765張，無齒小全張發行1萬9990張，兩款皆打上控制編號，有齒小全張的編號是「121781」，無齒小全張的編號是「008660」，以昭公信。這在英文的集郵名詞裡，稱為「編號小全張」（numeric souvenir sheet）。

格瑞那達在1982年10月4日發行一套世界著名的蒸汽列車專題郵票，分別介紹如下。

◆ 面值30分／南斯拉夫的05級蒸汽機關車牽引「東方快車」在冬天穿越南斯拉夫山區。

◆ 面值60分／蘇聯的蒸汽機關車牽引「穿越西伯利亞鐵路快車」（TRANS-SIBERIAN EXPRESS），西伯利亞鐵路是全世界最長的一條鐵路，從莫斯科至海參崴長達9297公里，走完全程需七天之久。

◆ 面值70分／法國的231C級蒸汽機關車牽引倫敦至巴黎的直達特快列車「金箭號」（法文 FLÈCHE D'OR），由設備豪華舒適附臥舖的車廂編成。在1929年開始營運，直到1972年夏天，因為旅客紛紛改搭飛機，以致生意一落千丈而被迫停開。

◆ 面值90分／英國的A3級4-6-2型蒸汽機關車牽引連結倫敦與蘇格蘭首府——愛丁堡的特快列車「飛快蘇格蘭人」（FLYING SCOTSMAN），由於飛快的行車速度，吸引不少乘客。1928年5月曾創下一項世界紀錄，即在全程633公里中不停地持續快速運轉，將行車時間縮減到7小時，列車平均時速高達90.5公里。

◆ 面值1元／1960年代德意志聯邦鐵道（GERMAN FEDERAL RAILWAYS）的010及半流線型蒸汽機關車牽引「羅蕾萊快車」（LORELEI EXPRESS），是縱貫西歐的重要國際列車。從荷蘭的侯克港出發，轉入萊茵河谷後南下，經瑞士抵達羅馬，途中經過萊茵河谷最著名的觀光景點——羅蕾萊峭壁。傳說峭壁上站著一位名叫羅蕾萊的美女，唱著情歌盼望情郎早歸，萊茵河上的船夫常因被歌聲吸引，導致船一個不小心就撞上峭壁。

◆ 面值3元／德意志國家鐵道（GERMAN NATIONAL RAILWAYS）的05型001號流線型蒸汽機關車牽引漢堡到柏林的特快列車，在1936年10月以144分鐘跑完285公里，回程用了145分鐘，平均時速118.7和117.9公里，最高運轉時速高達150公里。

（四）鐵路大轉型時代

　　第二次世界大戰結束後，鐵路配合各項經濟復興計畫逐漸恢復生機，但是進入1960年代，卻遇到新興的勁敵：短、中、長程的民航飛機陸續登場。在速度上，鐵路完全不是對手，運客量於是開始大幅衰退。這種狀況在美國最為嚴重，一般民眾短程旅途開自用車或搭巴士，中、長程則改乘飛機，火車優勢不復見，各大鐵路公司只好減班；到了1970年代，除觀光用列車外，其他運客班次全面取消。

　　歐洲方面也不好過，年年鉅額虧損，致使當時荷蘭國鐵總裁在歐洲鐵路會議大發雷霆：「再不想辦法歐洲鐵路就要停擺了！」當然老總裁已有對策，他立即呼籲歐洲鐵路局通力合作實施新的「TEE」（穿梭歐洲快車）方案，重點改善目標包括：提高列車平均時速至160公里、改善車廂各項設備及服務態度、簡化通關檢查核對手續；具體措施則有：添購新型快速機關車及空調附臥鋪車廂、車上服務人員年輕化及加強多語訓練、通關檢查員在過境前先上車開始作業。

　　當新的「TEE」亮相時，立即得到大眾的肯定，歐洲鐵路又將中短程旅客吸引回來。而美國鐵路公司本想效法歐洲鐵路，無奈美國高速公路網比歐洲發達，民意偏向發展快速的廣體噴射客機，所以美國鐵路公司只好轉向和越洋船運業者合作，共同發展革命性的貨櫃運輸。1970年代以後的美國鐵路公司全力投入橫越大陸的長途貨運，讓危機變轉機。戰後的三十年期間因此成為鐵路的大轉型時代，也稱為起死回生期。

東方快車（THE ORIENT EXPRESS）

　　由比利時商人那格馬克爾斯（Georges Nagelmackers）首創，第一列橫貫歐洲大陸的快車，在一班列車中掛兩輛寢車，1883年6月5日開始營運。最

初的路線是從巴黎出發，經法國史特勞斯堡、南德的慕尼黑、奧地利的維也納、匈牙利的布達佩斯、羅馬尼亞的布加勒斯特，然後以渡輪越過多瑙河後，乘列車到保加利亞瀕黑海的瓦爾納港（Varna），再換搭汽船抵達終點土耳其的伊斯坦堡（當時稱為君士坦丁堡）。

由於換船浪費太多時間，於是在1889年改經貝爾格勒（Belgrade，前南斯拉夫首都）、保加利亞首都蘇菲亞，雖然路程僅縮短65公里（原來全程2988.47公里），但是所需時間卻從81小時40分鐘縮短為67小時35分鐘，換言之，不到三天就可跑完全程，以當時的科技而論是最快捷的交通工具。

列車中有寢車（sleeping car）、餐車及設有吸菸室和更衣室的交誼廳車，內部鋪設波斯地毯、絲絨帷幕、桃花心木鑲板、西班牙軟皮沙發椅，因為列車經過七個國家，所以餐車提供各國最精緻的料理。東方快車標榜的豪華與舒適，吸引眾多歐洲社會名流、政治領袖、皇室貴族搭乘。

而「東方快車」的名氣和魅力也引起許多作家的好奇與幻想，不少名作家都因親自搭乘體驗而啟發寫作靈感，如法國名作家埃德蒙・阿布（Edmond About），他在1883年10月4日親自搭乘第一班正式的東方快車（全由專用豪華車輛編成）後，將途中見聞寫成一本遊記。

在眾多「東方快車」的相關著作中，最有名氣的是英國女作家阿嘉塔・克莉絲提（Agatha Christie）在1934年出版的懸疑小說《東方快車謀殺案》（Murder on the Orient Express）。她曾多次搭乘東方快車，該書是根據1929年冬天一班東方快車為大雪所困的實際報導改編，主要情節是一列東方快車在南斯拉夫與捷克交界的山區中被大雪所困，一名美國乘客在包廂內被刀刺死，探長將所有乘客集中於餐車，一一對質偵訊，希望找出兇手。大為暢銷的結果，是東方快車因此聲名大噪，簡直是替東方快車做了免費廣告。

1974年著名美國電影導演薛尼・盧梅（Sidney Lumet）將《東方快車謀

殺案》搬上大銀幕，除了由亞伯特・分尼（Albert Finney）擔任探長，還邀請史恩・康納萊、英格麗・褒曼等國際大明星助陣，飾演快車乘客。

由於科技的日新月異，從巴黎到伊斯坦堡需要花55個小時的東方快車，終究敵不過只需4個小時的噴射客機，因此東方快車的乘客數自1960年代開始減少，至1970年代更迅速銳減，1977年5月20日終於劃下休止符，發出最後一班列車。不過東方快車的魅力猶存，不少歐美高層人士仍然十分懷念它，所以在全球開始景氣的1980年代，東方快車迎接新的豪華旅遊時代，於1982年5月25日重新整裝再度出發，每週兩班，星期五、日上午11時44分各發一班次。因為路線是從起點倫敦，經巴黎、瑞士的辛普隆（Simplon）隧道，到終點威尼斯（Venice），所以列車名稱為「Venice Simplon Orient Express」，簡稱V. S. O. E.。另外還有一種不定期的旅遊觀光列車，名為「Nostalgic Orient Express」，簡稱N. O. E.。

瑞士在1956年3月1日發行一枚辛普隆隧道通車五十周年紀念郵票，面值10分，圖案為瑞士聯邦鐵道的電力機關車牽引列車通過辛普隆隧道北口。辛普隆隧道穿過阿爾卑斯山，標高2009公尺，長約20公里，是當時世界最長的隧道，在1906年通車後，東方快車改經由此隧道，到達義大利北部的米蘭及威尼斯，再前往貝爾格勒，全程行車時間也減為56小時。

羅馬尼亞（ROMANA）在1983年12月30日發行一枚東方快車百周年紀念小全張，面值10L，圖案為1883年從羅馬尼亞首都——布加勒斯特北站（GARA de NORD）出發的第一列東方快車，背景是現代不定期的旅遊觀光列車路線圖，小全張中央蓋有首日紀念郵戳。本枚屬於限量發行的編號小全

張，編號「011532」打在左下角，共發行十二萬五千張。

　　獅子山發行的東方快車紀念小全張，面值Le 5000，以英國女作家阿嘉塔‧克莉絲提為主角，右下角是法國名作家埃德蒙‧阿布的頭像，右上方是克莉絲提的素描畫像，背面是交誼廳車內的桃花心木鑲板，郵票左方是1920年的東方快車宣傳海報，主題是伊斯坦堡著名地標——聖蘇菲亞大教堂。

蒙古（MONGOLIA）發行的東方快車紀念小版張，內含八枚案票，分別是：

◇ 左一：面值3T／「1931 Orient Express Poster Design」，1931年東方快車宣傳海報。

◇ 右一：面值3T／「1928 Poster Design」，1928年的宣傳海報，由左至右是英國國會、巴黎艾菲爾鐵塔、伊斯坦堡的聖蘇菲亞大教堂。

◇ 左二：面值6T／「THE ORIET EXPRESS Dawn departure」，東方快車黎明時出發。

◇ 右二：面值6T／「The Golden Arrow departs London's Victoria Station」，東方快車由倫敦至多佛海港的路段，由英國的金箭號蒸汽快車擔當。圖中英國的金箭號正要離開倫敦的維多利亞車站。

◇ 左三：面值8T／「The Orient Express waits to depart a station in Yugoslavia」，東方快車正在待機要從南斯拉夫的車站出發。

◇ 右三：面值8T／「Turn of the century "Orient Express"」，回顧100年前的東方快車。

◇ 左四：面值16T／「THE ORIET EXPRESS Flèche d'Or approaching Étaples」，東方快車由加來海港至巴黎的路段，由法國的金箭號蒸汽快車擔當。圖中法國的金箭號正在過橋前往愛塔普雷（Étaples，位於加來海港的南部）。

◇ 右四：面值16T／「THE ORIET EXPRESS Arrival in Istanbul」，東方快車抵達終點——伊斯坦堡。

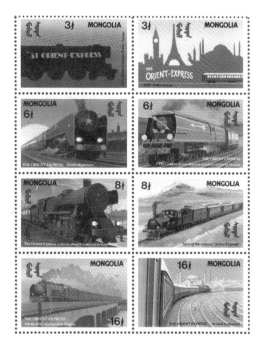

郵此一說

　　蒙古主要貨幣為圖格里克（Tugrik），輔幣為蒙戈（Mungo），1圖格里克＝100蒙戈。

（五）高速鐵路時代

　　1960年代的嚴厲教訓，使得各國鐵路業者終於體會到，若不再研發改進，更嚴厲的挑戰可能接踵而至。日本國鐵可以稱得上先知先覺，早在1950年代就規劃出高速鐵路，也就是現在的新幹線。1964年10月1日配合東京奧運會開幕，東京到大阪的東海道新幹線正式通車，時速高達210公里，成為全世界速度最快的電力列車。歐洲各國鐵路紛紛見賢思齊，如英國在1975年推出高速列車（High-Speed Train，簡稱HST），最高時速200公里；法國在1982年推出TGV（Train à Grande Vitesse，即法文高速列車縮寫），時速高達300公里；德國在1991年推出ICE（Inter-City Express，城市間快車的簡稱），最高時速280公里。到了1990年代，美國政府終於承認高速鐵路時代已經來臨。整整比日本落後三十年的美國，先在東北部工商業最發達的地帶：波士頓經紐約、費城到華盛頓之間進行規劃，2000年12月11日利用此區段鐵路推出名為「Acela Express」的高速列車（Acela係從accelerate演變而來，表示「加速」之意），最高時速240公里。

　　以下為以世界各國高速列車為主題的多款紀念郵票。

　　賴索托（LESOTHO）在1996年9月1日發行一款小版張及一款小全張，圖案為世界著名高速列車，小版張內的六枚郵票面值都是M1.50。

◇ 左上：義大利的ETR450鐘擺式電力列車，背景是比薩斜塔。
◇ 右上：法國的TGV高速電力列車，背景是巴黎的艾菲爾鐵塔。
◇ 左中：澳洲的XPT柴油電動列車，背景是雪梨歌劇院。
◇ 右中：南非的電力藍色列車（BLUE TRAIN），背景是開普敦的平台山。
◇ 左下：英國的IC 255柴油電動列車，背景是倫敦的國會大樓。
◇ 右下：日本的子彈列車（BULLET TRAIN）——東北、上越新幹線使用的200系電力列車，背景是富士山。

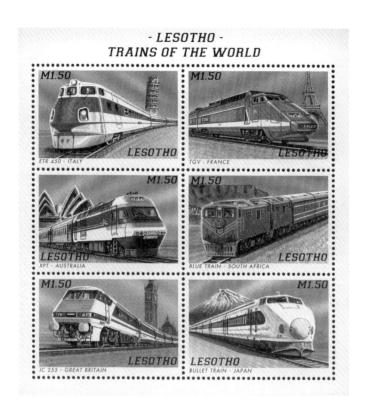

◆ 小全張內有一枚面值
M8的郵票，圖案為
德國的城市間高速電
力列車（ICE），左上
角是德國的科隆大教
堂。

尼日共和國（REPUBLIQUE DU NIGER）在1999年11月23日發行一套鐵路列車專題小版張，圖案以各國的高速鐵路列車為主題。小版張內含四枚郵票，面值皆為750F，主題分別是：

◇　左上：「LOCOMOTIVE DIESEL-ELECTRIQUE」，挪威國鐵的柴油發電機關車。
◇　右上：「TGV "BULLET" JAPON」，日本的子彈列車，新幹線使用的E2系電力列車。
◇　右下：「TGV "THALYS"」，法國高速鐵路列車「標槍女神」號。
◇　左下：「TGV "X 2000" CHINE」，中國的X2000型高速鐵路列車。

　　小版張由左上至右下按順時針方向依序是：

■　「HST AUTOMATIQUE」，自動式高速鐵路列車。
■　「EUROTRAIN」，歐洲高速鐵路列車。
■　「ICE 21」，城市間快速列車21型。
■　「MAGLEV」，正在測試的歐洲磁浮列車。
■　「"AVE" ESPAGNE」，西班牙的高速鐵路列車。
■　「KOREAN TGV」，南韓的高速鐵路列車，採法國的TGV系統，最高時速300公里，2004年4月啟用於漢城（現已更名為「首爾」）至釜山的京釜高速鐵路。

塞內加爾共和國（REPUBLIQUE DU SENEGAL）在1999年7月23日發行一套鐵路列車專題小版張，以及內含一枚面值2000F郵票的小全張，以各國的高速鐵路列車爲主題。小版張內含九枚郵票，面值皆爲450F，主題分別是：

◇ 左上：「ACELA（U.S.A.）」，美國的高速列車。

◇ 中上：「CLASS 332（G.B.）」，英國的332級高速列車。

◇ 右上：「I.C.E.（ALLEMAGNE）」，德國的城市間高速列車。

◇ 左中：「T.E.E. FORMER（LUXEMBOURG）」，德國製造的柴油電動列車，前身爲製造於1957年的穿梭歐洲快車「TEE」，後來改爲城市間高速列車。

◇ 正中：「NEVADA SUPER SPEED（U.S.A.）」，美國內華達的超高速磁浮列車。

◇ 右中：「INTER CITY 250（ANGLETERRE）」，英國的城市間高速列車。

◇ 左下：「KOREAN HIGH SPEED」，南韓的高速鐵路列車。

◇ 中下：「EUROSTAR（FRANCE-G.B.）」，歐洲之星高速列車，由倫敦行經英、法間於1994年正式通車的海底隧道，最後抵達巴黎。

◇ 右下：「THALYS PBA（FRANCE）」，法國的「標槍女神」號高速鐵路列車，最高時速300公里，「PBA」意指1996年啓用於巴黎（Paris）至布魯塞爾（Brussels）、阿姆斯特丹（Amsterdam）的路線。

◆ 小全張內含一枚郵票,主題是「法國TGV大西洋線之父」(PÈRE DU TGV ATLANTIQUE)香布隆(ETIENNE CHAMBRON),肖像下方橘色的高速列車「TGV "MÉDITERRANÉE"」用於巴黎至馬賽的地中海線,肖像左下方的銀、藍色高速列車「TGV "ATLANTIQUE"」用於大西洋線。小全張的正中央是日本新幹線 0 系電力列車「TRAIN "SHINKANSEN" JAPON」,0 系電力列車上方是法國TGV銀、藍色的高速列車,最上方刷淺藍色的是1971~1972年只有一節在飛奔的噴氣式車「AEROTRAIN-BERTIN」。

查德共和國(REPUBLIQUE DU TCHAD)在2000年發行兩款鐵路列車專題小版張,圖案以各國的高速鐵路列車為主題,皆內含四枚郵票,一款面值為475F,另一款為500 F,主題分別是:

◇ 左上：「EUROSTAR GNER（ANG..）」，英國大東北鐵道的「歐洲之星」高速列車。「GNER」
　　即為「Great North Eastern Railway」（大東北鐵道）的縮寫。
◇ 右上：「ELECTRIC / EMU / ETR 500（IT.）」，義大利的ETR 500型高速電力列車。
◇ 右下：「GNER（ANG..）」，英國大東北鐵道的125 HST高速列車。
◇ 左下：「1016 001 DER ÖBB（AUT.）」，奧地利聯邦鐵道的1016 001型電力機關車。

◇ 左上：「JR WEST 8-CAR UNIT E4（JP.）」，西日本鐵道山陽新幹線700系7000代「光」（Rail
　　Star）八輛（四輛一組）編成電力列車。
◇ 右上：「TGV KTX（KOREA TRAIN EXPRESS）KOREA」，南韓的高速鐵路列車。
◇ 右下：「E3 SERIES UNIT R6（JP.）」，日本新幹線E3系六輛編成電力列車。
◇ 左下：「300 SERIES UNIT J3（JP.）」，日本新幹線300系電力列車。

剛比亞（THE GAMBIA）在2004年發行紀念蒸汽機關車發明兩百周年小全張，內含一枚面值D65的郵票，圖案主題是奔馳中的「歐洲之星」高速列車，共由二十節車組成，是世界上最長的一

列高速鐵路列車，最高時速300公里，從倫敦到巴黎只需3小時10分鐘。

多米尼卡（DOMINICA）同樣在2004年發行紀念蒸汽機關車發明兩百周年小全張，內含一枚面值6元的郵票，小全張以日本的新幹線為主題，郵票上是E4系雙層電力列車，最高時速240公里，十六輛車編組可載1634名乘客，是世界上載客數最多的列車，背景為富士山；位於小全張下邊的是300系電力列車，曾在1991年創下時速325.7公里的高速紀錄。

三、方寸間的汽車

（一）德國偉大的汽車發明家：朋馳與戴姆勒

朋馳（Carl Benz, 1844.11.25~1929.4.4）是一位機械工程師，在1885年親自設計並製造了世界第一輛以內燃機為動力的實用汽車。它是用三輪車為底架再裝上輕型馬車的座椅組合而成，利用十字鋼架操縱前輪轉向，裝置一具3/4匹馬力的汽油內燃發動機。以當時的眼光來看，的確是一部令人感到驚訝的怪車，朋馳在當年秋天將怪車於大眾之前亮相時，邀請了幾位地方上知名人士前來參觀，大家都對怪車十分好奇，一部不用馬拉的車如何自行走動？

朋馳爬進他的發明物，然後啟動點燃裝置，由於剛發動時衝力太大，撞到旁邊的一堵磚牆，朋馳受到輕微的震盪後，毫無懼色地將車子倒退，開回他的工廠，對點燃裝置做了一些調整後再度上路，證明了他的車子是實用、可行的。再經過兩年不斷地改進與測試，終於在1888年慕尼黑展示會榮獲金牌，他的努力成果得到肯定，並且證明了使用內燃發動機的自動車（automobile）是可靠和實用的。

朋馳不但是一位傑出的發明家，同時也是一位企業家。他決定將他的發明成果與大眾分享，並且取得了生產自動車的專利權。1886年生產的專利三輪汽車，採用單汽缸、裝置0.89匹馬力汽油發動機（即俗稱之引擎），最高時速15公里。

然而在同一地區（德國南部的許瓦本Schwaben）內相距不到100公里的市鎮，卻同時有另一位工程師從事相同的研究，他是年紀較大的戴姆勒。他將汽油內燃機當成車輛的發動機，也就是利用汽油易於揮發的特性，將氣體經過高壓、高溫的處理過程，從熱能轉換成動能，使得汽油成為內燃機的燃

料，進而驅動車輛，亦即現今俗稱的汽車，兩人的成就其實不分軒輊。

　　戴姆勒（Gottlieb Daimler, 1834.3.17~1900.3.6）在1885年已經造出單汽缸四行程、0.50匹馬力發動機的三輪汽車，時速可達12公里；1886年發明了四輪汽車，裝置11馬力發動機，時速可達18公里。朋馳在1894年推出名叫VELO（許瓦本方言：「自行車」之意）的兩人座四輪汽車，時速可達21公里。1895年朋馳推出適應長途的舒適型（COMFORTABLE）四輪汽車，主要有兩項改進：加裝較大的擋風玻璃，以及將座椅加寬、靠背提高，讓司機和乘客都覺得比較舒適。

　　1900年3月6日戴姆勒去世，由兒子保羅（Paul）接手繼續研究開發，1901年推出「MERCEDES 35HP」（HP即馬力之意）汽車，裝置水冷式四汽缸發動機，以及改用充氣式的彈性橡膠輪胎（減少行車時的震盪），確立現代汽車的基本結構與造型，「MERCEDES」就是保羅最鍾愛的女兒的名字，此型車曾創下時速72公里的紀錄。

　　第一次世界大戰結束後，德國政府為了支付鉅額賠款，引發空前的通貨大膨脹，經濟陷入蕭條，一般民眾生活十分艱苦，根本沒有餘錢去買汽車。當時德國的兩大汽車製造廠朋馳與戴姆勒都面臨財務危機，於是在1926年6月正式合併，公司改名為「DAIMLER-BENZ AG..」，車子的廠牌名改為MERCEDES BENZ，歐美各國簡稱為MERCEDES，台灣習慣稱為BENZ，音譯為朋馳。兩大廠合併後節省人事費用，結合優秀人才加強研究開發，並且簡化車種、降低生產成本，在市場拓銷上因減少互相競爭，省下不少推銷廣告費用，奠定大規模汽車工業良好的發展基礎。

　　1944年底該公司位於德國南部的工廠幾乎全被英國、美國盟軍的轟炸機炸毀，戰後經過員工的努力重建，在1950年恢復大量生產。公司的經營管理階層看準戰後歐洲經濟復興，人民生活水準大幅提升，於是朝生產高品質車

輛發展,無論是汽車性能、品質管制或是維修保養等售後服務,都維持一流水準,確保盛譽不衰。世界高級汽車消費市場對朋馳車的需求一直很大,直到1990年代因德國馬克大幅升值,朋馳車的外銷量才逐年下滑。但是無可否認的是,在消費者的心目中,朋馳車就等於高品質車、高價位車的代名詞。

德國在1936年2月15日發行兩枚郵票,紀念在柏林舉行的國際汽車與摩托車大展以及汽車發明五十周年。

◆ 面值6分尼╱戴姆勒晚年肖像。
◆ 面值12分尼╱朋馳晚年肖像。

1939年2月17日至3月5日德國在柏林舉行國際汽車與摩托車大展,發行一套希特勒國家文化基金附捐郵票,共有三枚。

◆ 面值6+4分尼╱左邊是1885年朋馳製造的第一輛三輪汽車,右邊是1886年戴姆勒製造的第一輛四輪汽車。

◆ 面值12＋8分尼／右前是1938年的MER-
CEDES BENZ賽車，後面是AUTO-UNION
汽車聯合公司製造的賽車。

◆ 面值25＋10分尼／1937年在希特勒的國民
車政策下成立國民車（VOLKSWAGEN，
音譯為福斯）汽車製造廠，其宗旨是希望
德國國民可以買到性能好、價格低的大眾
化車輛。由於外形頗像金龜子，所以俗稱
「金龜車」。自1938年起開始大量生產，至
1978年總共生產了1930萬輛，創下世界上
單一車種的最高產量紀錄。

加郵站

附捐郵票

　　附捐郵票（semi-
postal stamp）又稱為慈善
郵票（charity stamp），是
郵政機關為了公共福利目
的而發行有指定用途的郵
票。此類郵票的面值包含
郵票本身面額及捐款數
字，如面值6＋4分尼，即
表示購買時得付10分尼，
其中6分尼做為郵資，4分
尼則為實際捐款金額。

西德聯邦郵政在1961年7月3日發行一套汽車發明七十五周年紀念郵票。

◆ 面值10分尼／戴姆勒製造的第一輛四輪汽車,上為戴姆勒的簽名。
◆ 面值20分尼／朋馳製造的第一輛三輪汽車,上為朋馳的簽名。

　　中非共和國在1984年12月22日發行一套世界名人郵票,其中面值120F法郎的主題是戴姆勒,背景是1938年的MERCEDES 540型黑色轎車。前法國所屬的西非國家偶爾會在同時另外發行少量的精緻版(DE LUXE)小全張。小全張的最上方是1954年推出的300SL型,最大特徵是海鷗翼形狀的車門,

其下是1883年最初
使用的內燃式發動
機以及車蓋上的朋
馳標誌。

◆ 有齒精緻版小全張

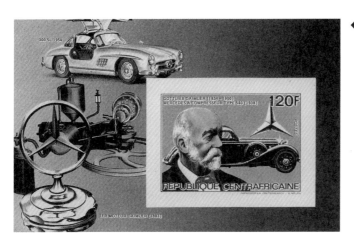

◆ 無齒精緻版小全張

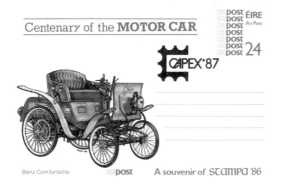

1986年愛爾蘭〈ÉIRE〉為了STAMPA '86郵展發行一組Centenary of the MOTOR CAR汽車百周年紀念明信片。1987年加拿大舉行CAPEX '87國際郵展時,愛爾蘭郵局就將汽車百周年紀念明信片加蓋CAPEX '87在會場出售。

◆ (上圖)朋馳在1895年推出的舒適型(Benz Comfortable)四輪汽車。
◆ (下圖)1908年福特公司推出的T型汽車(Ford Model T)。

查德共和國在1999年發行MERCEDES-BENZ汽車專題小全張及小版張
各一款。

小全張內含一枚郵票面值2000法郎，圖案主題是1934年的500K型和朋
馳的肖像。

■ 右下：1926年的630型24／
100／140HP。
■ 左下：1955年的190 SL型。
■ 左中：1923年的10／40／
65HP。
■ 左上：1937年參加德國大競
賽的賽車。

小版張內含六枚
郵票，面值均為250
法郎，圖案主題分別
是：

◇左上：1934年W25型。
◇中上：1934年500K型。
◇右上：1964年230 SL型。
◇左下：1935年150型。
◇中下：1954年300 SL型。
◇右下：1971年280 SE型。

（二）美國汽車大王：亨利・福特

　　1908年福特公司推出的Ｔ型汽車最初售價850美元，1912年的年產量達到七萬五千輛，福特將利潤回饋大眾，旅遊車款式（TOURING CAR）的售價降為690美元；並推出單排座位敞頂款式（ROADSTER即無頂蓋的陽春車），售價僅590美元。到了1913年共生產了十八萬二千八百輛，售價更降為550美元，而當時美國工人每天的工資是2美元，每個月的工資大約是5、60元，所以只要用十一、二個月的工資就可以買到一輛福特Ｔ型汽車，對當時的美國人來說簡直是令人難以置信，因為這種價格是當時其他牌子的三分之一。到底福特公司有何本事能賣出如此便宜的汽車？

　　亨利・福特（Henry Ford）在幼時立志要做出一輛不必用馬拉的車子，1896年終於造出他心中「不用馬拉的車」。但是當時汽車的售價實在太貴了，除了王公貴族、有錢人，一般人根本買不起。而福特製造汽車的心願與理想是「人人買得起、人人會開車」，因此決定造出售價低廉又實用的汽車。為了實現願望就得克服困難，因此第一步就是降低成本。福特看到當時的生產方式是一組工人（大約十幾個人）在領班指揮下將一輛汽車從頭做到完成，一天只能生產一或兩輛。

　　為了加快生產速度，福特認為簡化製造流程、產品標準化是最基本的原則，於是發明了能在短時間內大量生產汽車的裝配線（assembly line）輸送帶，每一個工人只負責幾個裝配步驟。車子在輸送帶起點先將底盤和支架組合起來，接著套上輪子，就可以在輸送帶上推動前進，然後在各站分別裝上發動機等各種配件，另外有專人負責供應每站所需要的配件，而各種配件分別在各製造廠大量生產。於是裝配廠成為核心廠，配件製造廠就如同衛星工廠去支援核心的裝配廠。

　　採用裝配線的生產方式，可以提升生產效率，生產成本自然降低，售價

也就降低，人人買得起，銷售量增加，利潤提升，公司賺錢才能繼續研究、不斷發展更好的產品，讓汽車更容易操控，人人會開車，結果汽車終於成為美國十分普及的個人交通工具，福特公司也因而成為世界上最大的汽車公司。Ｔ型汽車一直生產到1927年為止，總共生產了一千五百萬輛，創下空前的世界紀錄。

　　而亨利・福特又是何許人也？他1863年7月30日生於美國中北部密西根州的韋恩郡，從小對機械就很感興趣，17歲那年得到父親的同意，到底特律一家機械工廠工作。為了吸收更多的機械知識，他換了幾間工廠，最後在「愛迪生電燈公司」擔任機械技師，並利用工作餘暇，專心研究，希望造出性能可靠的發動機。1893年將汽油發動機測試成功，1896年終於製成「不用馬拉的車」，也就是現代汽車的原型。

　　為了使汽車成為大眾化的交通工具，福特推出了新的投資理念和新的生產方法。要降低生產成本，就必須大量生產，因此發明能大量生產的裝配線輸送帶，接著必須配合的就是配件規格化和生產步驟標準化，工人得熟練裝配程序，才能縮短裝配時間。為了實現理想，必須引進大量資金添購設備、配件，福特於是將他的理念與構想以非常誠懇的態度對投資者詳細說明，因而募得籌立公司所需的款項。1911年在密蘇里州的堪薩斯市興建第一間裝配廠，1913年創設全世界第一條生產汽車的前進式（俗稱流水式）裝配線。

　　福特是一位仁慈又慷慨的企業家，他認為公司能賺錢，是全體員工努力的成果，於是決定將盈餘分配給全體員工。在1914年將每日工資從2.34美元調升為5美元，並且將每天的工作時間從9小時縮減為8小時，大幅改善員工的生活。他認為提高員工素質，改進製造、管理技術，可以提升生產效率，所以在工廠設立技術教室，後來還成立「福特技術學院」，培養許多技術人才。福特在1947年4月7日去世，由於他的遠見及務實作風，使得汽車成為美國最普及的個人交通工具，也讓美國成為世界上最大的汽車生產國，福特也因此成為美國人心目中一位值得敬佩的偉人。

馬紹爾群島（MARSHALL ISLANDS）為紀念福特汽車上路一百周年（100 years ON THE ROAD WITH FORD），在1996年發行一套內含八枚郵票的版張。

上排由左至右：

◇1896年QUADRICYCLE，福特做的第一輛四輪車。

◇1903年MODEL A ROADSTER，A型無頂蓋式。

◇1909年MODEL T TOURING CAR，T型旅遊車。

◇1929年MODEL A STATION WAGON，A型廂式旅行車。

下排由左至右：

◇1955年THUNDERBIRD，雷鳥式。

◇1964年1/2 MUSTANG CONVERTIBLE，有敞篷的野馬式。

◇1995年EXPLORER，探險家式。

◇1996年TAURUS，金牛座式。

邁克羅尼西亞（FEDERATED STATES OF MICRONESIA，此國名意為「小島」）也為了紀念福特汽車上路一百周年（100 years ON THE ROAD WITH FORD），同樣在1996年發行一套內含八枚郵票的版張。

上排由左至右：

◇1896年QUADRICYCLE，福特做的第一輛四輪車。

◇1917年MODEL T TRUCK，T型載貨車。

◇1928年MODEL A TUDOR SEDAN，A型都德式轎車。

◇1932年V-8 SPORT ROADSTER，敞篷跑車。

下排由左至右：

◇1941年LINCOLN CONTINENTAL，林肯牌・大陸級豪華轎車。

◇1953年F-100 TRUCK，F-100型載貨車。

◇1958年THUNDERBIRD CONVERTIBLE，有敞篷的雷鳥式。

◇1996年MERCURY SABLE，謀可利（商業神）・黑貂式。

（三）偉大的汽車先行者們

聖文森在1987年12月4日發行一套偉大的汽車先行者專題郵票，共四枚。

◆ 面值1元／主題是卡爾・朋馳（CARL BENZ 1844-1929），右側是朋馳發明汽車時的中年肖像，背景是朋馳操控1886年得到專利的三輪汽車（BENZ 3-WHEELER patented 1886）在鄉間道路緩緩前進，旁座者是朋馳太太。

◆ 面值2元／主題是恩佐・法拉利（ENZO FERRARI 生於1898年），義大利著名汽車設計者，背景是1966年的FERRARI DINO 206SP型紅色跑車。

◆ 面值4元／右上是查理士・羅爾斯（THE Hon. CHARLES ROLLS 1877-1920）、右下是亨利・羅伊斯（Sir HENRY ROYCE 1863-1933），兩人在1906年合組羅爾斯・羅伊斯（ROLLS- ROYCE）公司，背景是1907年的「銀色幽靈」（SILVER GHOST），因為使用強勁又安靜的發動機，汽車外殼塗銀色，在行進間噪音又很小，所以得此名號。

◆ 面值5元／主題是亨利・福特（HENRY FORD 1863-1947），右側是福特晚年肖像，背景是1908年推出的綠色福特T型汽車（MODEL T FORD introduced 1908），車上駕駛正向兩位騎馬的西部牛仔揮手致意。

（四）古典車

摩納哥（MONACO）在1961年6月13日發行一套古典車專題郵票。

◆ 面值0.01法郎／1912年美國的CHEVROLET雪佛萊。
◆ 面值0.02法郎／1898年法國的PEUGEOT伯就。
◆ 面值0.03法郎／1901年義大利的FIAT飛亞特。

◆ 面值0.04法郎／1901年德國的MERCEDES梅瑟得斯。
◆ 面值0.05法郎／1903年英國的ROLLS-ROYCE羅爾斯‧羅伊斯。
◆ 面值0.10法郎／1899年法國的PANHARD-LEVASSOR潘哈德‧雷瓦索。
◆ 面值0.15法郎／1898年法國的RENAULT雷諾。

◆ 面值0.20法郎／1908年美國的FORD-S福特。
◆ 面值0.25法郎／1894年法國的ROCHET-SCHNEIDER羅謝‧許奈得。
◆ 面值0.30法郎／1901年比利時的FN-HERSTAL赫斯塔。
◆ 面值0.45法郎／1900年法國的DE DION-BOUTON得狄翁‧布通。

◆ 面值0.50法郎／1910年美國的BUICK別克。
◆ 面值0.65法郎／1901年法國的DELAHAYE得拉哈爺。
◆ 面值1.00法郎／1906年美國的CADILLAC凱迪拉克。

（五）公共汽車

公共汽車在英文裡稱為bus，音譯成「巴士」，源起於omnibus，至今德文仍用此字，其原意為大型的共乘馬車。在十九世紀歐美各國的大都市已有行使定期路線的公共馬車。二十世紀初，汽車開始大量生產，全世界各大都市逐漸採用公共汽車。由於近年來大型公車的載重量增大，需要動力較大且價格較低廉的柴油，所以現今公共汽車幾乎都使用柴油發動機。為了增加載客量，倫敦首先使用雙層巴士，接著柏林、里斯本、紐約、芝加哥等各大都市也陸續採用。巴士除了是市區內的大眾交通工具，也逐漸發展為各都市間或是都市與鄉間的長途公車。第二次世界大戰結束後，歐美、日本等國經濟快速成長，一般人開始重視休閒旅遊，因此汽車製造業者紛紛推出豪華型的旅遊觀光巴士，美國稱為tourist bus，在英國稱為coach。而法國將通行於定期路線的巴士稱為autobus，旅遊觀光巴士則稱為autocar。

西柏林在1973年4月30日發行一套公車專題郵票，共三枚。

◆ 面值20分尼／1907年用兩匹馬拉的公車（Pferdeomnibus）。
◆ 面值30分尼／1919年的中型雙層公車（Decksitzautobus）。
◆ 面值40分尼／1925年的大型雙層公車（Doppeldeckautobus）。

西柏林在1973年9月14日發行一套公車專題郵票，共三枚。

◆ 面值20分尼／1933年的架線式電動公車
（Obus）。
◆ 面值30分尼／1970年的大型雙層公車
（Doppeldeckautobus）。
◆ 面值40分尼／1973年的標準型公車
（Standardautobus）。

　　捷克斯拉夫（ČESKOSLOVENSKO）在1969年發行一套公車主題郵
票，左上是首都布拉格在1907年使用的第一輛小型公車，右下是捷克的史科

達（SKODA）
製車廠在1967年
推出的SM16型
連結式公車，有
四組車門。

波蘭（POLSKA）在1987年發行一套車輛專題郵票，其中面值10ZŁ的圖案主題是1936年使用的「SAURER ZAWART」大型公車。

匈牙利（MAGYAR）在1955年發行一套交通工具專題郵票，其中面值60f的圖案主題是聞名全球的伊加路斯（IKARUSZ）觀光巴士，此款式是該車廠製造的第一種平頭式大型巴士，發動機裝於車尾，對司機而言，視野較為廣闊，可提高行車安全。大約二十年前，台北市公車處曾引進的一批匈牙利製的公車，就是由伊加路斯廠製造。

匈牙利在1963年發行一套交通工具專題郵票。

◆ 面值30f／無頂蓋露天式的觀光巴士，背景是首都布達佩斯的國家博物館。

◆ 面值40f／連結式公車，其設計出發點是為了增加載客量，因而必須延長車身，但是車身太長在市街上較難轉彎，於是用支架外包篷布，連結後方延長的車身，便於行進間做大角度轉彎。背景是首都布達佩斯的鐵路西站。

◆ 面值1Ft／架線式電動公車。

四、方寸間的船舶

（一）風力帆船

1. 早期划槳帆船

「伐木刻舟，划舟渡河」，以槳划舟是人類各民族最早發明的交通工具，接著利用天然的風力而發明了帆槳船，有風時張帆使風力推動船前進，逆風或無風時則用人力划槳使船前進。歷史上最早記載船的出現是在西元前4000年古代文明發祥地的埃及尼羅河，最初是用蘆葦捆成一束一束再連綁起來的草船，後來出現掛帆的船，但只在河流行走。

西元前2700年左右，地中海已經出現單片帆的平底木船，此乃最早在海上航行的船隻。西元前700年左右，地中海東岸的腓尼基人利用帆船載運木材和糧食從事海上貿易，即為最早在海上航行的商船。為了保護商船，腓尼基人就將船首底部削成尖角，可以用來衝撞來搶劫的敵船（最早的海盜船），這種有衝角（或稱撞角）的船就是最早的軍艦。

到了西元前500年左右，希臘人模仿腓尼基軍艦加以改良，在兩側船舷裝上長條划槳，可以增加行船速度，最初是一層划槳，最後發展為三層划槳，成為地中海中最快速的軍艦，使得希臘海軍稱霸地中海。不久羅馬帝國興起，羅馬人造出更大更快的帆槳軍艦，取代希臘而稱霸地中海。

大約在西元前600年左右，北歐的維京人出現，最初在波羅的海活動，後來造出輕快又耐用的掛帆長船，向西歐沿海拓展殖民地，當今法國的諾曼地半島就是北歐維京人發展的地方，「諾曼地」（Normandy）即指北方蠻人居住地之意。八世紀至十一世紀是維京人的全盛期，最遠南至非洲的南端再轉往印度洋，向西橫北越大西洋抵達加拿大的紐芬蘭，成為最早到達北美洲的歐洲民族。

保加利亞在1975年12月25日發行一套郵票，圖案選用早期著名的帆船。

◆ 面值1分／西元前十
　五世紀埃及人的划
　槳帆船。
◆ 面值2分／西元前七
　世紀腓尼基人的划
　槳帆船。

◆ 面值3分／西元前五
　世紀希臘人的三層
　划槳帆船。
◆ 面值5分／西元前三
　世紀羅馬人的划槳
　帆船。

◆ 面值13分／西元九
　世紀維京人的帆
　船。
◆ 面值18分／西元十
　三世紀威尼斯人的
　帆船。

2. 漢札同盟

十三世紀與日耳曼人混血的漢札系人利用維京人的造船和航海技術,造出長約25公尺的航海商船,通行於波羅的海、北海。到了十四的世紀鼎盛期,德國北、中部約有一百個都市及低地國(當今的荷蘭、比利時北部)加入漢札同盟(Hanseatic League),定期開會決定重大政策,以維護所有會員的共同利益,成為以商業利益而結合的特殊政治實體。直到十六世紀葡萄牙、荷蘭航海家發現到印度、南洋的航路,改變了歐洲的貿易型態,加上德國境內出現強大邦國(如普魯士),同盟的勢力漸漸衰退,在1669年召開最後一次會議。

保加利亞在1984年6月11日發行一種編號小全張,紀念環球郵政聯

盟(我國郵局將UPU譯為萬國郵盟)在德國的漢堡舉行會議及集郵沙龍展(SALON DER PHILATELIE HAMBURG '84),中有一枚郵票圖案主題是漢札同盟的Kogge航海帆船,郵票的兩邊是船首的幸運女神雕像。本小全張限量發行五萬七千張,右下角有控制編號52032。

3. 航海探險家

　　1492年哥倫布得到西班牙女王的贊助，率領三艘帆船，橫越大西洋抵達巴哈馬群島後，平安地返回西班牙。從此以後，西班牙、葡萄牙與荷蘭航海家受到鼓舞紛紛出海尋找前往東方的新航路，其中最有名的是葡萄牙航海家麥哲倫，他得到西班牙國王的贊助，在1519年率領五艘船，越過大西洋經南美洲最南端轉入太平洋，抵達菲律賓的宿霧島。麥哲倫因助當地酋長與他族作戰而身亡，他的部下則繼續未完的航程，在1522年返回西班牙，完成環繞地球一周的壯舉，終於證實地球是圓的，麥哲倫因此名垂青史。所以十五、十六世紀被稱為大航海探險時代。

　　位於非洲中西部的聖多美普林西比共和國（S. TOMÉ E PRÍNCIPE）在1982年發行一套航海家專題郵票，其中三枚圖案主題分別是愛里克森、哥倫布、麥哲倫。

◆　（左）郵票上方是愛里克森肖像，下方是維京人的遠洋型長船。
◆　（中）圖案右上方是哥倫布，下方是1492年哥倫布前往巴哈馬群島的聖瑪利亞號（Santa Maria）帆船，長約23公尺，可載150噸的貨物。
◆　（右）圖案右上方是麥哲倫，下方是1519年環繞地球一周的維多利亞號（Victoria）輕帆船（Carraca），可載85噸的貨物。

人稱幸運的萊夫・愛里克森（Leif Ericson），是挪威的探險家，從冰島十三、十四世紀的記載，及歷史學家的證實，被認為是第一位到達北美洲的

歐洲人。愛里克森的父親是最先在北美洲東北方的格陵蘭島墾殖的人，西元1000年愛里克森從格陵蘭回到挪威，受挪威國王奧拉夫一世的影響，信奉基督教。第二年受派向格陵蘭定居者傳教，他在一次回挪威的途中迷航，第一次在稱為文蘭（據判斷大概是紐芬蘭）的北美洲登陸，後來很幸運地回到格陵蘭傳教，之後他曾幾次到北美洲東北部各島。

幾內亞共和國（REPUBLIQUE DE GUINÉE）在1985年12月18日發行一套哥倫布紀念郵票及一種小全張，圖案主題是哥倫布率領的三艘帆船。

◆ 面值10S／LA PINTA（西班牙文「點滴」之意）號，左邊是哥倫布畫像。
◆ 面值20S／LA SANTA MARIA（聖瑪利亞）號，左邊是船長室。
◆ 面值30S／LA NIÑA（西班牙文「女生」之意）號，左邊是方位板。
◆ 面值40S／LA SANTA MARIA號，左邊是1492年10月12日在聖瑪利亞號瞭望台的船員發現陸地後大聲呼叫：「陸地」。

◆ 小全張中含一枚面值50S的郵票，圖案為LA NIÑA號，左邊是哥倫布畫像。郵票上方是哥倫布船隊的航路圖，下是去程、上是回程；郵票下方是哥倫布在航行兩個月後，於1492年10月12日登陸小島的想像圖。

　　匈牙利（MAGYAR）在1978年6月16日發行一種小全張，圖案主題是著名的航海家，內含四枚郵票，面值均為2Ft，左上是萊夫・愛里克森和維京人的長船、右上是哥倫布和聖瑪利亞號、右下是麥哲倫和維多利亞號、左下是葡萄牙的達伽馬（VASCO DA GAMA）和聖加百列號（SÃO GABRIEL）。達伽馬在葡萄牙國王的授命下，率領四艘帆船，於1498年5月20日抵達印度的西南部，成為歐洲第一位發現東方航路的航海家。

◆ 此款小全張共發行28萬2785張，本枚右上角印有控制編號234262。

馬利共和國（MALI）
在1971年9月27日發行一
套世界名船專題郵票。

◆面值100F／1492年的聖瑪利
　亞號帆船。

4. 五月花號帆船

　　據海洋考古學家估計，五月花號（MAY FLOWER）長約27公尺，重約
180噸。

　　英國的清教徒（Pilgrims）受到政治迫害，聽說北美洲地廣人稀是個拓
殖的好地方，於是有102位清教徒乘五月花號帆船離開英國西南方的普利茅
斯港，原本計畫前往維吉尼亞（Virginia，即「處女地」之意），但受風暴影
響偏向北方，經過六十五天的艱辛航程，1620年11月21日終於在鱈魚岬
（Cape Cod）的普羅文斯鎮港（Provincetown Harbor）下錨，12月24日（有

◆ 面值150F／1620年的五
　 月花號帆船。

一說在25日）最後決定在現今麻薩諸塞州的普利茅斯（Plymouth）登陸，當時清教徒為紀念離開的港口，所以將登陸地點取名普利茅斯。登陸後的清教徒遇到嚴寒冬天，結果半數凍死，餘生者團結一致努力開墾，終於有了收穫，五年後從英國來了更多的移民。乘「五月花」號的清教徒登陸北美洲，從此開啓了美國歷史的首頁，清教徒移民的冒險精神和堅忍的毅力，成為1776年美國建國成功的主要因素之一。

英國在1970年4月1日發行一枚清教徒乘五月花號移民美國三百五十周年紀念郵票，圖案為清教徒離開英國普利茅斯港的情景。過沒多久，美國在1970年11月21日也發行一枚清教徒乘五月花號登陸美國三百五十周年紀念郵票，主題則是清教徒登陸美國普利茅斯的情景。

1620 Landing of the Pilgrims

◆ 美國郵商製作的原圖卡，左下貼英國發行的郵票，右下貼美國發行的郵票，並蓋有麻薩諸塞州普利茅斯1970年11月21日發行首日郵戳（FIRST DAY OF ISSUE）。

Mayflower 1620

1/6

FIRST DAY OF ISSUE

1620 THE LANDING OF THE PILGRIMS

U.S.POSTAGE 6 CENTS

（二）機械動力船

　　「機械動力船」依能源使用方式可分為「燃煤」、「燃油」、「原子能」動力，目前以「燃油」式船舶最普遍，至於最具先端科技的「原子能」動力船，由於日本、歐美國家的反核政策，全球除軍用船以外，只有少數的科學實驗船使用「原子能」動力。

Мурманское морское пароходство. Атомный ледокол „Россия"

◆ 蘇聯的原子動力破冰船（THE ATOMIC ICEBREAKER）露西亞號（俄文：РОССИЯ，英文：ROSSIJA）於1990年8月首航，至北極（THE NORTH POLE）的紀念信封，信封左上方是露西亞號和北極巡航圓形紀念章（北極熊圖案），右上方蓋有1990年8月7日的航行紀念郵戳，它的下方是蘇聯最北的海港莫曼斯克（俄文：МУРМАНСК）1990年8月15日郵戳，右下角則是紅色英文紀念章。

1. 航行於多瑙河的船舶

　　國際上最重要的河道——多瑙河，是歐洲第二長的河流，長2859公里，僅次於俄國的窩瓦河（Volga）。發源於德國南部的黑森林山區，它的最上游是兩條小河Breg和Brigach，然後向東、南流經奧地利、斯洛伐克、匈牙利、克羅埃西亞、塞爾維亞（前名：南斯拉夫）、保加利亞、羅馬尼亞、烏克蘭，最後注入黑海，共流經九個國家，流域面積達81萬7000平方公里。

　　十九世紀中葉，多瑙河流域中游大都在奧匈帝國的控制下，但是下游出海的三角洲卻在俄國的控制下。1856年英國、法國對付俄國的克里米亞戰爭結束，在巴黎簽訂條約，俄國的邊界自多瑙河向北退縮20公里，並且成立歐洲多瑙河委員會（European Commission of the Danube）執行多瑙河航權管理，致力於河道國際化。1919年第一次大戰結束，簽訂凡爾賽和約，其中有一項是保證多瑙河為國際河道，因為戰後奧匈帝國瓦解，奧地利和匈牙利都成為內陸國，新獨立的捷克斯拉夫亦為內陸國，多瑙河成為上述三國對外海的唯一通道，所以更有國際化的必要，1921年成立國際多瑙河委員會（International Commission of the Danube）監督沿河各國確保航行的通暢。1948年各國代表在南斯拉夫首都貝爾格勒集會，成立新的多瑙河委員會，執行多瑙河航權自由化。

　　匈牙利（MAGYAR）在1967年6月1日發行一套多瑙河委員會第二十五屆會議紀念郵票，面值由小至大的排列是依照多瑙河道從上游到下游的順序，圖案主題是航行於多瑙河的船舶，右邊是流經國家的國旗，左下的斯拉夫文「ДУНАЙСКАЯ КОМИССИЯ」和右下的法文「COMMISSION DU DANUBE」，即「多瑙河委員會」之意。

　　此套郵票發行六十萬七千零六十六套，數量比同期發行的其他郵票多了

機械動力船

213

約十萬套，但因主題國際化且印刷頗爲精美，吸引了歐洲各國郵迷，尤其是沿岸國家的郵迷，成爲當年全球最搶手的一套郵票，美國代理匈牙利的郵商最初照一般行情出售，沒想到歐洲各國郵商都缺貨，立即向美國代理郵商調貨，此時美國郵商就提高批發價並且限量供應，因而此套郵票成爲匈牙利戰後發行的郵票中最貴的一套，目前在歐洲的零售價約爲25至30歐元。至於無齒郵票只發行四千五百三十二套，成爲收藏家角逐的對象，在拍賣會亦不易見其芳蹤。二十多年前我有幸在一家位於台北市延平南路的郵商發現此套無齒郵票，標價新台幣300元，見機不可失立即買下。目前歐洲郵商的拍賣參考底價是300歐元，足足升值四十倍，可見集郵若能具備基本常識與掌握資訊，就有發小財的機會。

◆ 面值30f／1896年匈牙利河海船運公司的蒸汽輪船Ferencz Deák號，背景是下奧地利的秀丘堡（Schönbühel），右邊掛奧地利國旗。
◆ 面值60f／1963年裝置柴油發動機的水上巴士（hydrobus）Revfulop號，背景是現今斯洛伐克首都布拉提斯拉瓦（Bratislava），右邊掛捷克國旗（當時斯洛伐克尚未與捷克分離）。

◆ 面值1Ft／1966年匈牙利河海船運公司的客船Hunyadi號，背景是布達宮（Budavári Palota），右邊掛匈牙利國旗。
◆ 面值1.50Ft／1959年裝置柴油發動機的拖船Szekszárd號，背景是南斯拉夫的戈盧巴茲堡（Golubac），右邊掛南斯拉夫國旗。

◆ 面值1.70Ft／推船Miskolc號，背景是保加利亞的維丁堡（Vidin），右邊掛保加利亞國旗。
◆ 面值2Ft／1961年匈牙利河海船運公司的貨船Tihany號，背景是羅馬尼亞加拉提（Galati，位於下游的河港）船塢的起重機，右邊掛羅馬尼亞國旗。

◆ 面值2.50Ft／1962年的浮水翼船（hydrofoil）Sirály 1號，背景是蘇聯伊茲邁爾（Izmail，位於下游北岸的河港，現為烏克蘭領地）碼頭的起重機，右邊掛蘇聯國旗。

　　匈牙利在1981年11月25日發行歐洲多瑙河委員會成立一百二十五周年紀念郵票及小全張，匈牙利郵局當然了解在1967年發行的那一套已成為珍郵，於是在事隔十四年之後，為了勾起舊郵迷的懷念以及吸引新郵迷，便在本套的圖案中複印1967年那款。使用這種設計的郵票在集郵名詞稱為「票中票」，英文稱為「stamp on stamp」，簡稱「SOS」（與求救信號相同，不明白此術語者會以為郵迷在喊救命），為維持珍罕性，有齒郵票發行三十三萬九千一百三十六套，無齒郵票發行一萬九千八百套，而有齒小全張發行二十八萬九千三百張，無齒小全張發行兩萬三千八百張。這套以匈牙利籍船舶為主題的郵品雖然不如1967年當時那麼轟動，但是本次的印刷比上次更加精美，因此仍然受到郵迷的喜愛。

◆ 面值1Ft／1830年Franz I號 蒸汽輪船。

◆ 面值1Ft／1843年Arpád號 蒸汽輪船。

◆ 面值2Ft／1853年Szechenyi 號蒸汽輪船。

◆ 面值2Ft／1896年 Gróf Szechenyi號蒸 汽輪船。

◆ 面值4Ft／1914年 Zsófia號蒸汽輪 船。

◆ 面值6Ft／1917年 Felszabadulás號蒸 汽輪船。

◆ 面值8Ft／1964年 Rákóczi號客船。

◆ 有齒小全張內含一枚 面值20Ft、以Sólyom 號浮水翼船（hydro- foil）為主題的郵票， 背景是多瑙河道圖， 小全張中央的紅點是 匈牙利首都布達佩斯 （BUDAPEST），右邊 旗桿掛上沿岸國家的 國旗，由下至上依序 是德國、奧地利、捷 克、匈牙利、南斯拉 夫、保加利亞、羅馬 尼亞、蘇聯，左邊印 有控制編號155128。

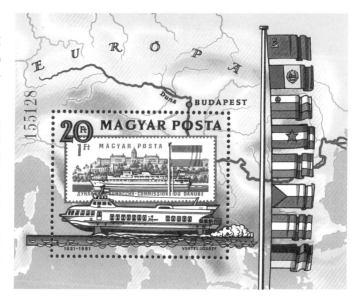

◆ 無齒小全張蓋有發行
首日紀念郵戳,郵戳
上刻的是Franz I號蒸
汽輪船,左邊有控制
編號008890。

　　羅馬尼亞（ROMANA）在1981年3月27日發行歐洲多瑙河委員會成立一
百二十五周年紀念郵票及小全張,以羅馬尼亞籍及歐洲多瑙河委員會所屬船
舶爲圖案主題,郵票發行二十萬套、小全張發行十五萬張。

◆ 面值B55／STEFAN CEL MARE號蒸汽輪船。
◆ 面值L1／歐洲多瑙河委員會所屬巡視船「VAS DE SUPRAVEGHERE」。
◆ 面值L1.50／TUDOR VLADIMIRESCU號蒸汽輪船。

◆ 面值L2.15／蘇利納號（SULINA）歐洲多瑙河委員會所屬疏浚挖泥船（DRAGA）。

◆ 面值L3.40／羅馬尼亞人民共和國號（REPUBLICA POPULARA ROMANA）蒸汽輪船。

◆ 面值L4.80／海上航行船（NAVA MARITIMA）航行於多瑙河出海口的蘇利納運河（CANALUL SULINA）。

◆ 有齒小全張內含一枚面值L10的郵票，圖案為摩爾多瓦號（MOLDOVA）客船航行於加拉提河港，郵票左下角蓋有發行首日紀念郵戳，左邊是一面三角形的歐洲多瑙河委員會旗，小全張最上方印著一行羅馬尼亞文「125 ANI DE LA INFIINTAREA COMISIEI EUROPENE DUNARENE」，即「歐洲多瑙河委員會成立125年」之意，左下方有控制編號006062。

保加利亞在1981年5月15日發行一款編號小全張，紀念歐洲多瑙河委員會成立一百二十五周年，發行四萬八千五百張。小全張內含兩枚郵票，面值均為25CT，並蓋有首日紀念郵戳，上枚是「ПОРДИМ」（PORDIM）號輪船，下枚是「ГЕОРГИ ДИМИТРОВ」（GEORGI DIMITROV，保加利亞革命家）號客船；兩枚郵票中是多瑙河道圖，以不同顏色表示河流經過的國家，由上游至下游依序是德國（黃）、奧地利（紅，小圈指維也納）、捷克（青）、匈牙利（綠，小圈指布達佩斯）、南斯拉夫（青，小圈指貝爾格勒）、保加利亞（綠）、羅馬尼亞（黃）、蘇聯（紅），小全張左邊由上至下分別是德國、奧地利、捷克、匈牙利、南斯拉夫、羅馬尼亞、保加利亞、蘇聯的國旗。由於只發行四萬八千五百張，由歐美代理郵商包銷，所以剛發行時就以面值的二十倍價錢10美元出售，雖然許多郵迷抱怨不已，但是發行量少收集者多，也讓行情飆升至100歐元左右。

◆ 小全張下方有控制編號
　41307。

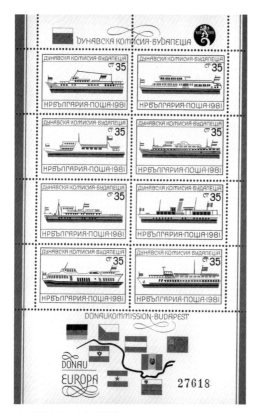

◆ 小全張下方有控制編號27618。

有一必有二，保加利亞在1981
年9月25日又為紀念歐洲多瑙河委
員會成立一百二十五周年，發行一
套編號小全張，發行量為四萬兩千
張。小全張內含八枚郵票，面值均
為35CT，圖案主題是1980年代沿岸
各國使用的觀光遊艇，左行由上至
下分別是德國、捷克、南斯拉夫、
保加利亞，右行由上至下則為奧地
利、匈牙利、羅馬尼亞、蘇聯。小
全張下方是多瑙河道圖，標有沿岸
國的國旗。雖然發行量略少於上一
款，但是最近的行情卻僅約為30歐
元。

保加利亞在1988年11月25日發行一款
編號小全張，紀念1948年在貝爾格勒舉行
的多瑙河船舶航行會議四十周年（分別以
德文和保加利亞文印在右邊和左邊），有
齒小全張發行六萬張，而無齒小全張發行
一萬兩千張。小全張內含兩枚郵票，並蓋

◆ 無齒小全張，下方有控制編號11137。

有首日紀念郵戳，面值均爲1ΛB.，上枚是「PYCE」（RUSE）號客船，下枚是「АЛ. СТАМБОЛИЙСКИ」（AL. STAMBOLIJSKI）號客船；兩枚郵票中間夾著多瑙河道圖，圖左下方是德國、捷克、奧地利、南斯拉夫國旗，圖右上方是匈牙利、羅馬尼亞、蘇聯、保加利亞國旗。

郵此一說

大型客船的黃金期與轉型期

　　二十世紀的前半世紀，客船是最風光的交通工具，到了1950年代末期，由於公路系統的擴充與改善（最主要是高速公路的興起），內河航運的客運大減，越洋大型客船則遇到噴射客機的競爭。由於噴射客機的速度快，將行程所需時間大為縮短，只需客船的二十分之一。其次是費用，機上服務人員只佔乘客數的二十分之一、甚至三十分之一；而客船行程需時較久，且供給住宿、餐飲，服務人員相對增加，需佔載客數的四或五分之一。所以將空運與船運的平均成本相比較，大約是1：40至1：50。尤其現代商旅講求時效，時間就是金錢，搭乘飛機又快又省錢，旅客們紛紛改投噴射客機的懷抱，航運公司收入大減，年年發生鉅額虧損，只好將客船出售解體，到了1970年代，越洋客船的總噸數不及1950年代的三分之一。

　　眼看豪華客船一艘一艘地從海上消失，沒想到北歐的船主把握1980年代全球經濟進入繁榮成長的脈動，推出新概念的巡迴旅遊船（cruiser），設備豪華齊全，彷彿是一座海上浮動的城市，船上有溫水游泳池、網球場、賭場、舞廳、電影院，甚至高級精品商店、書店，船主精心規劃巡迴航路，如地中海之旅參觀各港口附近的名勝古蹟，在冬天則推出避寒的加勒比海之旅，使得住在冬天嚴寒的中北歐旅客趨之若鶩，班班客滿，船主大發利市。

　　1990年代起，歐美各大旅遊企業看準海上旅遊必將蓬勃發展，於是紛紛投資建造大型豪華旅遊客船，使得原本將要沒落的客船蛻變為旅遊界的新寵兒。如今搭乘豪華客船環遊世界已經成為歐美、日本等高所得國家中上階層人士夢寐以求的最大心願。

機械動力船

221

2. 世界最衰運的大型客船：鐵達尼號

十九世紀末期英國的國勢到達頂峰，號稱日不落國，爲了加強對海外殖民地的控制與連絡，就得仰賴強大的海軍艦隊以及商船隊來支撐海上霸權。而橫越北大西洋的航線是當時運量最多、競爭最激烈的一條，航運界鼓勵各船主進行良性競爭，對於跑得最快的客船則頒發象徵最高榮譽的藍綬帶（Blue Ribbon）。英國的白星航運公司（White Star Line）在二十世紀初決定造一艘當時最大的豪華客船以爭取最高榮譽，於是由愛爾蘭Harland & Wolff of Belfast造船廠承建了一艘當時最大的客船，命名爲「鐵達尼號」（R.M.S. TITANIC），總噸數47,072公噸，長259.8公尺，幅寬28.2公尺，運轉時速21海浬，可載乘客數一等1034、二等510、三等1022。

1912年4月10日首次航行，搭載了2227名乘客與工作人員從英國南部的南安普敦港（Southampton）出發，前往紐約。4月14日下午，離紐芬蘭東方大約1100公里處海面，船上的無線電報員收到「冰山在航道之前」的警訊，立即向船長愛德華・史密斯（Edward Smith）報告，但是船長根本不理睬，持續以時速20.5海浬前進。到了晚上11點40分，監視員發現冰山就在眼前，大副立即下令轉向，但是已經來不及，水線下的船身與海面下的冰山相擦撞，船身立即被擦破，海水湧入船艙內，三等艙（在最下層）的乘客大多是移民，被傲慢的船員阻擋爬上甲板（爲了讓一、二等艙乘客優先登上救生艇），結果佔罹難人員中的七成以上。到了15日2點20分沉沒，共有1522人喪生，餘生者705人分搭二十艘救生艇，被在附近僅離93公里的喀帕西亞（Carpathia）號客船趕來一一搶救。

從撞上冰山到沉沒，還不到3小時，有人質疑爲何會如此快呢？事後調查發現設計師應船主要求而改用較薄鋼板，其目的就是減輕船殼重量，使得船速更快，才能奪得藍綬帶，薄鋼板又加上快速產生較大的撞擊力，裂縫自

然加大，海水湧入得更多又更快。其次是船長自認航海經驗豐富，向來運氣都不錯，怎會料到「鐵達尼」初次航行就如此「衰」。經調查印證船長認為要穩操「藍綬帶」勝券，必須走捷徑，而走較北航線行程較短，所以船員向他提出警告時，當然要冒著遇到冰山的危險賭一賭運氣。另外就是英國航運界還有一個榮譽傳統，奪得藍綬帶的船長在退休時可獲贈爵位，而史密斯老船長希望在此行得獎後光榮退休，怎料人算不如天算，船主和船長都為了虛榮而犧牲乘客，據說老船長在沉船前的神情仍然很「臭屁」，最後與「鐵達尼」同歸於盡。所以歷史學家對此次災難的分析是「虛榮心害了無辜的乘客和船員」。

船難中有不少感人、可歌可泣的傳聞被寫為小說、拍成電影，包括紀錄片在內，以鐵達尼號為主題的電影至少十部以上。近年最有名的一部，在1997年12月19日推出，由詹姆斯·喀麥隆（James Cameron）執導，不但創下電影票房收入的新高紀錄，在1998年3月23日的奧斯卡金像獎中更狂掃十一項大獎，包含重要的導演獎，但是男女主角都未得獎。這部電影掀起的風潮，使鐵達尼號成為新世代的新鮮話題，全球娛樂界喧騰一時。

出版界掌握了這個舊題新炒的難得好機會，重新編印以往有關鐵達尼號的畫冊、書籍，加上有關新片的畫面、資料介紹等出版品大量出籠，讓這股「鐵達尼」熱潮延續了約兩年之久。集郵界當然也不能錯過熱潮，由英、美大郵商主導策劃，與十幾個國家郵局合作，發行有關「鐵達尼」的專題郵票，打破紀念郵票逢10或25倍數的周年發行的慣例。因受限於篇幅，在此僅介紹其中幾款經典之作。

位於巴哈馬群島最南端的特克斯和凱科斯群島（Turks & Caicos Islands）為配合1996年加拿大國際郵展發行一款小全張，內含一枚面值$2的郵票，

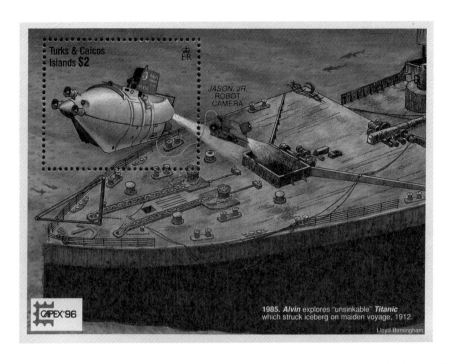

圖案主題是1985年9月1日由巴拉得博士所率領的探測組所使用的「愛耳聞」（Alvin）迷你深海潛艇，在紐芬蘭東南方531公里、海深3810公尺處，以經過特殊設計的遙控攝影機「小傑深」（JASON, JR. ROBOT CAMERA）拍到鐵達尼號的殘骸景象。小全張右下方的兩行英文：「1985, Alvin explores "unsinkable" Titanic which struck iceberg on maiden voyage,1912.」，即「1985年，『愛耳聞』發現1912年首航時撞到冰山的永不沉沒的『鐵達尼號』。」

　　巴哈馬（BAHAMAS）在1996年2月4日為紀念馬可尼的無線電通訊一百周年（MARCONI 100 YEARS OF RADIO COMMUNICATIONS）發行一款小全張，中含一枚面值＄2的郵票，上是鐵達尼號，下是喀帕西亞號客船。

喀帕西亞號是英國古納德航運公司的客貨兩用船，航行於義大利的特里斯特與紐約間，專門載運義大利前往美國的移民，由於乘客都是低階層的移民，所以船艙只設二等、三等。總噸數13,781公噸，長170公尺，幅寬19.6公尺，運轉時速只有14海浬，約為25公里。喀帕西亞號在收到鐵達尼號的求救電訊時，雖然只距離鐵達尼號93公里，但速度實在太慢，趕到時鐵達尼號已沉沒約兩小時，船長立即開始救援救生艇上的生還者以及撈起死者，直到上午8點50分才離去，4月18日抵達紐約。

　　小全張的左邊是鐵達尼號的無線電機房（wireless room），右邊是喀帕西亞號的無線電機房，上面是鐵達尼號發出的求救無線電英文訊號「CDQ」（舊版）和「SOS」（新版），下面是以國際摩斯密碼（Morse code）表示的求救訊號：

　　「—·—·」一短線一點一短線一點表示「C」；

　　「—··」一短線兩點表示「D」；

　　「——·—」兩短線一點一短線表示「Q」；

　　「···」而三點表示「S」；

　　「———」三短線表示「O」。

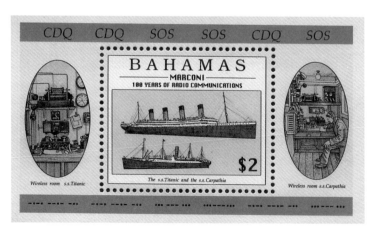

◆ 小全張將國際摩斯密碼的排序印成「——·—」在前、「—··」在後，譯成英文字母求救訊號就變成先「Q」後「D」。

聖文森（ST.VINCENT & THE GRENADINES）在1997年11月5日發行一款小全張，內含五枚面值皆爲1元的郵票，整體圖案是鐵達尼號船首已沉入海中。

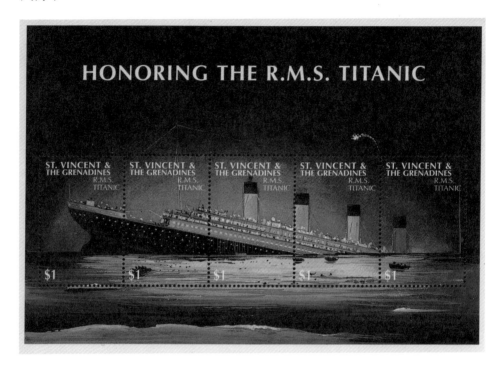

　　馬達加斯加共和國（REPOBLIKAN'I MADAGASIKARA）在1998年發行一套小全張，圖案主題是鐵達尼號，小全張上方的法文「NAUFRAGE DU "TITANIC" 14 AVRIL 1912」，即「鐵達尼船難1912年4月14日」之意，內含一枚郵票面值12500，郵票中央是鐵達尼號，船身下方是乘客搭救生艇離開的情景，右下角是落海的男性乘客做最後掙扎，右上角是無線電報員菲立普斯（RADIOTELEGRAPHISTE M.G. PHILIPPS）正在發出求救電訊，左上角是史密斯船長雙手交叉於胸前，他的背後是鐵達尼號發出的黃色求救信號彈。

愛爾蘭配合1999年在澳洲舉行的世界郵展（World Stamp Expo Australia 99）發行一套小全張，以鐵達尼號為主題，內含兩枚面值1愛爾蘭鎊的郵票，小全張上半部是1912年4月11日鐵達尼號途經愛爾蘭南部的Cobh（英文稱為皇后鎮Queenstown）時拍的照片，郵票左邊有一面紅底白星的旗子，是白星航運的公司旗。

3. 世界最大的客船：瑪莉二世皇后號

英國的古納德航運公司（CUNARD LINE）為了迎接新世紀的旅遊潮，在2000年11月6日和法國的Chantiers de l'Atlantique造船廠正式簽約，2002年7月4日在法國的聖那寨爾（Saint Nazaire）動工建造世界最大的客船，2003年9月25日下水試航，2004年1月8日由英國女王伊莉莎白二世主持命名典禮，在典禮上女王致祝福賀詞：「吾命名此船為瑪莉二世皇后。願主庇祐伊及其所有航程。」（I name this ship Queen Mary 2. May God bless her and all who sail in her.）

2004年1月12日首航，從英國南部的南安普敦港出發，載滿2620名乘客，前往美國佛羅里達州的羅德岱堡（Fort Lauderdale）。在此簡介該船的外觀、性能及設備：

- 船名頭銜的RMS，為Royal Mail Ship皇家郵船之簡稱。
- 噸數：150,000總噸
- 排水量：76,000公噸
- 船身長：345公尺
- 水線幅寬：41公尺
- 船橋幅寬：45公尺
- 船高：72公尺
- 動力：以柴油發電裝置推動氣旋渦輪，產生157,000匹馬力
- 推進器：四具螺旋槳，兩具固定式，兩具可移動方位式
- 最高時速：56公里
- 人員容量：2620名乘客，1253名管理及工作人員
- 設備：17層客艙，15間餐廳及酒吧，5座游泳池，1間賭博遊樂場，1間舞廳等
- 造價：5億5000萬英鎊（約合新台幣33億）

The Queen Mary 2 is the first transatlantic ocean liner built since 1962. It is the largest passenger liner ever built.

　　格瑞那達（Grenada）在2004年爲紀念瑪莉二世皇后號首航，發行了一款小全張及兩款小版張。

　　小全張內含一枚郵票面值＄6，圖案主題是瑪莉二世皇后號側面全圖，郵票下方印有一行英文：「The Queen Mary 2 is the first transatlantic ocean liner built since 1962. It is the largest passenger liner ever built.」，即意指「瑪莉二世皇后號是自1962年以來第一艘建造的越大西洋班船。它是曾建造過的最大旅客班船。」

　　第一款小版張最上方印著四行英文：「Famous Ocean Liners of The World」、「Queen Mary 2」、「Queen Mary 2, the first transatlantic ocean liner since 1962, is the largest and most luxurious passenger liner ever built.」，其意分別是：「世界著名的海洋班船」、「瑪莉二世皇后號」、「瑪莉二世皇后號，自1962年以來第一艘建造的越大西洋班船，是曾建造過的最大最豪華旅客班船」。

小版張內含四枚郵票面值均為$2，圖案主題由上至下分別是：

◇瑪莉二世皇后號，右邊是英國女王伊莉莎白二世主持命名典禮，旁邊揮手者是船長，下方的四行英文：「The Queen Mary 2 will begin her ocean voyage sailing to Florida in early January 2004. In the spring of that year, she will begin a program of six transatlantic sailing between Southampton to New York.」，即「瑪莉二世皇后號將在2004年元月初開啓她的海洋旅程航行至佛羅里達州。在該年春季將開啓一項南安普敦至紐約間的越大西洋航行預定表」之意。

◇伊莉莎白二世女王號，右邊是乘客在餐廳用餐的情形，下方的三行英文：「The Queen Elizabeth II was the flagship of the British Merchant Fleet（1969-date），providing regular passenger service for over 30 years.」，意即「伊莉莎白二世女王號曾經是英國商船隊的指標船，提供正式的乘客服務超過三十年」。（按：「flagship」在海軍裡譯為旗艦，在商船應譯為指標船。）

伊莉莎白二世女王號於1967年11月20日下水，長293.5公尺，幅寬32.1公尺，66,893公噸，運轉時速29海浬，載客數：頭等艙（1st class）564名、旅遊艙（tourist）1441名、標準艙（standard）1820名。

◇瑪莉皇后號，右邊是船長歡迎登船的乘客，下方三行英文：「The first Queen Mary（1936-1967） was the most famous ocean liner ever built. Completed in 1936, she was designed to provide fast service across the Atlantic.」，意指「第一代瑪莉皇后號曾經是最著名的海洋班船。1936年完工，她曾經被設計為提供越大西洋的最快速服務」。

瑪莉皇后號在1934年9月20日下水及命名，1936年5月27日首航，長310.7公尺，幅寬36.1公尺，82,040公噸，運轉時速29海浬，載客數：貴賓艙（cabin class）776名、旅遊艙784名、三等艙（3rd class）579名。在第二次

世界大戰爆發時被改裝為運兵船，可載1萬5000人（約為一個師）。1967年賣給美國加州長堤市（City of Long Beach），改裝為博物館和旅館。

◇伊莉莎白女王號，右邊是離開紐約時乘客在甲板上拉著彩帶的情景，下方三行英文：「The Queen Elizabeth was one of the largest ocean liner afloat. When WW II broke out, she was painted grey and went on to help win the war.」，即指「伊莉莎白女王號曾經是浮於洋上的最大艘班船之一。當第二次世界大戰爆發時，她曾經被塗成灰色並繼續幫助贏得戰爭」。

伊莉莎白女王號於1938年9月27日下水，長300.94公尺，幅寬36.14公尺，83,673公噸，一直到1996年都是當時世界最大的商用船，運轉時速29海浬，載客數：頭等艙823名、貴賓艙662名、旅遊艙798名。在第二次世界大戰爆發時被改裝為運兵船，大戰結束還載運美國部隊返回本土，載運兵員數超過75萬。1968年11月退休，1970年賣給香港的董浩雲集團，改名為「海慧大學」（SEAWISE UNIVERSITY）號，1972年1月9日在香港改造期間發生火災，受損嚴重，1975年解體。

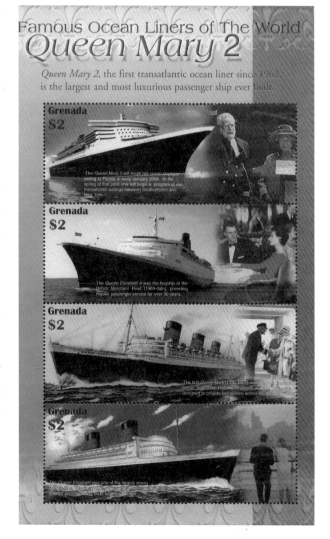

第二款小版張內含四枚面值均為＄2的郵票，圖案主題由上至下分別是：

◇英國的鐵達尼號，左上印六行英文：「R.M.S. Titanic was built in Ireland, 1909-1912, and it was the largest and most luxurious ship of the time. On her maiden voyage, she struck an iceberg and sank in under three hours. About 1500 people perished in that disaster.」，即「皇家郵船鐵達尼號於1909-1912年在愛爾蘭建造，曾經是當時最大和最豪華的船。在她的處女航行中，她撞到冰山，且在不到3小時沉沒。那次不幸事件約有1500人喪生」。

◇法國的諾曼地號，左下印三行英文：「Although her career only lasted 7 years, the T.S.S. Normandie was one of the grandest ocean liners ever produced.」，即「雖然她的生涯只持續了七年，諾曼地號是曾經製造過最富麗堂皇的海洋班船之一」。

諾曼地號於1932年10月29日下水，1935年5月29日自法國北部海港勒阿弗（Le Havre）首航至紐約，長313.6公尺，幅寬35.7公尺，80,522公噸，在當時排名第三大客船，僅次於伊莉莎白女王號、瑪莉皇后號，運轉時速29海浬，載客數：頭等艙848名、旅遊艙670名、三

等艙454名。1941年12月被美國海軍接管改名爲「拉法葉」（USS Lafayette）號運輸艦，1943年2月在紐約整修時，因一名粗心的焊工釀成火災而被燒燬。

◇英國的茅利塔尼亞號，上方的六行英文：「The Mauritania（1907-1935）weighed over 31,000 ton, and she was capable of 24 knots. This made her one of the biggest and fastest liners constructed in the early 1900's.」，即「茅利塔尼亞號重量超過3萬1000噸，她能跑時速24海浬。這使她成爲在1900年代早期所建造的最大與最快的班船之一」。

茅利塔尼亞號於1906年9月20日下水，1907年11月16日首航，長240.8公尺，幅寬26.8公尺，32,450公噸，運轉時速24海浬（1909年9月曾奪得藍綬帶），載客數：頭等艙563名、二等艙464名、三等艙1138名。在第一次世界大戰期間曾載運美國派至歐洲的遠征軍，可容納4000人。戰後繼續活躍於北大西洋航線，1935年解體。

◇英國的路西塔尼亞號，下方印三行英文：「The Lusitania（1907-1915）was one of the most luxurious passenger liner built in its time. After the outbreak of WW I, the Lusitania continued traveling her North Atlantic run. On May 7th 1915, she was struck by a single torpedo and sank in18 minutes.」，意即「路西塔尼亞號曾經是建造當時最豪華乘客班船之一。第一次世界大戰爆發後，路西塔尼亞號仍繼續航行她的北大西洋航程。在1915年5月7日她被一枚魚雷擊中並且在18分鐘後沉沒」。

路西塔尼亞號於1906年6月16日下水，1907年9月7日首航，當年10月以最快平均時速25.65海浬奪得藍綬帶，長232公尺，幅寬26.8公尺，32,954公噸，運轉時速25海浬，載客數：頭等艙563名、二等艙464名、三等艙1138名。1915年5月7日在愛爾蘭南部外海被德國的潛艇無預警擊沉，共犧牲1198人（一說1201人），死亡名單中有228名（一說128名）美國籍乘客，美國因而被說服參戰。

崔斯坦火山島（TRISTAN da CUNHA，英國管轄，位於南大西洋的群島）在1979年1月3日發行一套郵票及一款小全張，紀念伊莉莎白二世女王號至該群島訪問（Visit of the R.M.S. Queen Elizabeth 2）。

◆ 面值 5便士／當地稱為Longboat的小帆船。
◆ 面值10便士／瑪莉皇后號客船。
◆ 面值15便士／伊莉莎白女王號客船。
◆ 面值20便士／伊莉莎白二世女王號客船。

◆ 小全張內含一枚長條形郵票，面值25便士，圖案主題是伊莉莎白二世女王號的側面圖，小全張的下方是從船上眺望該島的景觀。由於其中郵票是所有船舶專題中長與寬之比例最大的一種，加上面值僅約合0.5美元，本小全張剛發行時即被全球郵迷搶購，近年來英國郵商的零售價均維持在7.5英鎊，與面值相比剛好漲了三十倍。

五、方寸間的飛機

在一般人的觀念裡，似乎認為飛機就是航空器具，其實兩者在航空學各有其不同的定義與區分。航空器的基本定義為任何形式之飛行機器（Aircraft：a flying machine of any type），而飛機的基本定義則為有固定翼及推進系統又比空氣重之飛行器（Airplane：an aerodyne with fixed wings and a propulsion system）。

航空器的分類，依浮力分為「比空氣輕」及「比空氣重」。「比空氣輕」又分為「無動力裝置之氣球」及「有動力裝置之飛船」；「比空氣重」又分為「無動力裝置之飛行器」及「有動力裝置之飛行器」。

而無動力裝置的飛行器又分為「人員乘坐式的滑翔機」及「人員懸掛式的滑翔翼」，至於有動力裝置的飛行器，即通稱的飛機，依飛行翼又分為「迴旋翼之直昇機」及「固定翼之飛機」（此即狹義的飛機）。

固定翼之飛機則依起降面，可分為「水面起降之水上飛機」（翼下以支架連接浮艇）、「水面起降之飛行艇」（機身下方構造如浮艇）和「陸面起降之飛機」（依推進系統又可分為：螺旋槳式、渦輪螺旋槳式、噴射式）。

依用途來劃分，又可分為「民用機」（旅客機、貨物機、客貨兩用機、教練機、噴灑機、救援機）與「軍用機」（轟炸機、戰鬥機、攔截機、攻擊機、偵察機、觀測機、巡邏機、電子偵測機、早期警戒機、運輸機、空中加油機、教練機）。

（一）最初發展時期

1. 萊特兄弟的飛行者一號

　　1903年12月17日，萊特兄弟（Wright Brothers）在美國東部的北卡羅萊納州（North Carolina）小鷹（Kitty Hawk）村附近瀕大西洋沙丘，進行「飛行者一號」（Flyer 1）試飛，第一次由弟弟歐維爾（Orville）操縱以12秒飛行了36公尺，第二次由哥哥韋伯（Wilbur）操縱用13秒飛行了58公尺，第三次又在歐維爾的操控下以15秒飛行了61公尺，第四次韋伯用59秒飛行了260公尺，成為世界第一架飛上天空的動力飛機。

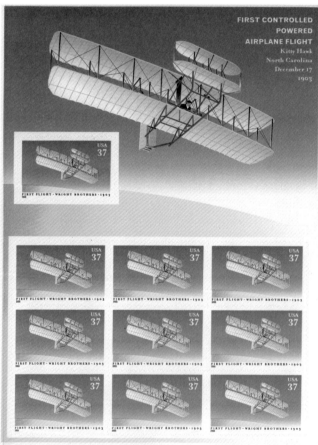

◆ 美國在2003年發行，紀念動力飛行成功100周年，圖案是歐維爾第一次試飛「飛行者一號」飛機。大全張內是10枚自黏膠郵票，撕下來就可直接貼在信件上。

2. 聖杜蒙的14bis飛機

「14bis」是因為吊在第14號飛船下面做第一次試飛而得名，bis在法文是再一次之意。1906年10月23日，巴西籍的聖杜蒙（Santos Dumont）在巴黎試飛14bis飛機，以7秒飛行了60公尺，得到3000法郎獎金（頒給在歐洲能飛行25公尺以上的第一架飛機）。同年11月12日做了六次飛行，法國航空俱樂部正式派員測出最遠的一次：以21.2秒飛行了220公尺，成為世界上首次被公認的飛行紀錄。

◆ 中非帝國（EMPIRE CENTRAFICAIN，1979年被推翻後改名中非共和國）在1977年9月30日發行，圖案主題是聖杜蒙操縱14bis飛機，左上角是聖杜蒙肖像。

（二）冒險拓展時期

1. 布列里歐的XI型單翼飛機

1909年7月25日，法國的布列里歐（Louis Blériot）以XI型單翼飛機從法國北部的加來（Calais），經過32分鐘，飛越英、法兩國間的海峽，平安抵達英國的多佛（Dover），成為第一架飛越英法海峽的飛機。

◆ 匈牙利在1978年5月10日發行，主題是布列里歐操縱XI型單翼飛機正在飛越英、法兩國間的海峽，右下方是布列里歐肖像。

2. 法國的法曼F60型哥利亞式雙翼客機

1919年3月22日，法國成立法曼（Farman）航空公司，開辦巴黎至比利時首都布魯塞爾間，世界上最先行的國際定期旅客班機業務，使用法曼F60型哥利亞式（Goliath）雙翼客機。哥利亞是指《聖經》記載大衛王在年少時曾以石頭擊斃一個巨人的名字。

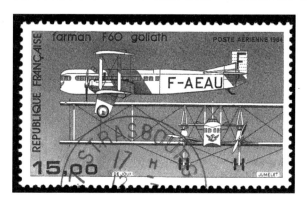

◆ 法國在1984年3月3日發行的航空郵資郵票，主題是「法曼‧哥利亞」式旅客機的正視（下）及側視圖（上）。

3. 英國的「維克斯‧維米」長程飛機

英國空軍阿寇克（J. Alcock）上尉與布朗（A. W. Brown）中尉在1919年6月14日操縱經改裝的「維克斯‧維米」（Vickers Vimy）長程飛機，從紐芬蘭首府聖約翰起飛，經過16小時27分鐘，以平均時速190公里飛行3040公里，平安抵達愛爾蘭西部的克利夫登（Clifden），因此得到1萬英鎊的鉅額獎金。

◆ 匈牙利在1978年5月10日發行，主題是維米式長程飛機，右下是阿寇克和布朗肖像。

4. 美國的「聖路易精神號」長程飛機

　　美國飛行家查理．林白（Charles Lindbergh）受到聖路易市民的贊助，在1927年5月20日駕駛「萊安NYP1型」（NY表示New York，P表示Paris）長程飛機，取名「聖路易精神號」（The Spirit of St.Louis），從紐約的長島出發，經過33小時29分鐘，飛行5809公里，在21日晚上抵達巴黎，創下單人單機首次中途不停橫越北大西洋的新紀錄。

◆ 中非帝國在1977年9月30日發行，圖案為「聖路易精神號」夜晚飛抵巴黎上空的情景，當時的飛機場無照明設備，巴黎的計程車司機聽到無線電廣播，紛紛趕往機場一字排開，將計程車的前照燈打亮，引導「聖路易精神號」平安降落，當晚約有20萬人趕來機場歡迎，左邊是林白肖像。

（三）水上機、飛行艇黃金時期

　　在冒險拓展時期，不少航空冒險家在越洋時因飛機墜入海中而喪生，到了1930年代飛機製造者推出具有浮在水面性能的水上機、飛行艇，萬一飛機發生故障，可以停在水面等待救援。因此1930、1940年代可說是水上機和飛行艇的黃金時期。

1. 德國的多尼爾DO-X型飛行艇

　　多尼爾（DONIER）DO-X型飛行艇是在1929年製造的世界最大巨無霸飛行艇，最大特徵是主翼上裝置六組發動機，每組前後各裝一具螺旋槳，全

長40公尺，翼展48公尺，最高時速215.6公里，可持續飛行2800公里。1929年10月21日在德國南部波登湖（Bodensee）上空，創下載運169人的世界新紀錄。1930年11月2日飛離波登湖，進行越過大西洋的測試飛行，但在途中發生多次故障，直到1931年8月27日才抵達紐約。後來存放於柏林博物館，在第二次世界大戰的一次空襲中被炸燬。

◆ 安提瓜（ANTIGUA）在1970年2月16日發行，紀念DO-X飛行艇曾飛越該島。

2. 法國的拉提口厄28型水上飛機

　　法國飛行家梅莫茲（J. MERMOZ）在1930年5月11日操控一架拉提口厄（LATECOERE）28型水上飛機，從法國南部的土路斯（Toulouse）出發，隨行的是領航員大布里（J. Dabry）、無線電報員宜蔑（L. Gimie），載了130公斤郵件，經西北非沿大西洋岸南下。5月12日從西非塞內加爾的聖路易（St. Louis）起飛，經過21小時，逆風飛行了3173公里，在13日抵達巴西的納塔爾（Natal），成為第一架中途不停飛越南大西洋的飛機。

◆ 塞內加爾在1980年為此次空運郵件50周年紀念而發行，圖案由左至右是大布里、宜蔑、梅莫茲，最右邊是拉提口厄28型水上飛機及1930年的越洋飛行路線。

3. 美國的馬丁M-130型飛行艇

馬丁（MARTIN）公司得到泛美航空公司的三架越洋飛行艇訂單，所以將M-130型內艙分成兩層，上層供飛行組員使用，下層改成臥鋪僅可載12名乘客。三架飛行艇分別取名為中國、菲律賓、夏威夷飛翦號，巡航時速252.7公里，可持續飛行5150公里。中國飛翦號在1935年11月22日從舊金山出發，經夏威夷、中途島、關島，在11月29日飛抵馬尼拉，完成橫越太平洋定期航線的首次飛行。

◆ 美國在1985年2月15日發行郵票，紀念飛越太平洋空運郵件50周年，圖案是1935年首次飛行出發前飛行員及工作組員正要登上飛行艇的情景。圖為蓋有舊金山郵局首日郵戳的原圖卡，卡片圖案是中國飛翦號在1935年11月22日從舊金山出發，正在飛越舊金山著名的金門大橋。

原圖卡

英文稱為MAXIMUM CARD，指把郵票貼在和郵票圖案相關的卡片上，再蓋上發行首日郵戳或特別紀念郵戳。

加郵站

4. 英國的秀特帝國式 C 級 S.23 型飛行艇

英國的帝國航空公司委託秀特（SHORT）兄弟公司製造長程飛行艇，可載24名乘客及1.5噸郵件，巡航時速265公里，可持續飛行2414公里。1937年6月，帝國航空公司的 C 級 S.23 型飛行艇完成自英國的南安普敦至南非的德爾班（Durban）首次直飛空運。

◆ 羅德西亞與尼亞薩蘭聯邦（RHODESIA AND NYASALAND，1963年底解體，尼亞薩蘭改名馬拉威，羅德西亞改名辛巴威）在1962年2月6日發行，圖案是1937年帝國 C 級飛行艇正飛離三比西河（ZAMBESI）河面。

（四）活塞式螺旋槳金屬表皮民航機

1. 德國的允克斯 F-13 型旅客機

允克斯（JUNKERS）F-13型旅客機原型機於1919年6月25日首次試飛成功，最大特徵是外表覆蓋波浪狀的鋁片，是世界上第一種全部用金屬製造的民用機。可載4名乘客及郵件，最大時速177公里，可持續飛行650公里，共製造了三百五十架。民國10至20年間，中國的航空郵件就是委由德國航空公司的子公司——歐亞航空的F-13載運。

◆ 西德在1976年1月5日為德國航空公司創辦50周年而發行的紀念郵票，主題是德國航空公司的F-13旅客機。

2. 美國的道格拉斯DC-1、DC-2、DC-3及C-47型多用途運輸機

美國的環球航空公司（TWA）提出全金屬構造的旅客機規格書，道格拉斯（DOUGLAS）公司決定生產符合規格的新機種，取名DC-1，並在1933年7月1日試飛成功，除由兩名機師操控外，可載12名乘客，持續飛行1000英哩（1609公里）。

環球航空公司覺得符合要求，於是訂了二十架，道格拉斯認為還有改進的必要（當時波音公司是競爭對手），因此採用出力更大的發動機，載客增至14名，巡航時速318公里，取名為DC-2，在1934年5月11日試飛成功，當年7月加入營運，共造了兩百架。

◆ 薩摩亞（SAMOA）在1983年6月7日發行，左枚為DC-1，右枚為DC-2。

由於DC-2受到民航界的好評，道格拉斯在1935年12月17日推出性能更佳的DC-3，1936年6月25日美國航空公司將DC-3做紐約至芝加哥的首次直飛。在第二次世界大戰前已生產了八百多架，巡航時速達340公里，可持續飛行3420公里，載客數增加到36人。戰時，美國陸軍將DC-3改裝成通用運輸型的C-47 Skytrain（空中列車），其中有一千兩百多架供英國空軍使用，別號DAKOTA（音譯：達科塔）。合計各型生產了一萬零九百二十六架，成為世界上生產架數最多的運輸機。

◆ 古巴（CUBA）在1979年10月8日為古巴
航空公司成立50周年而發行，以古巴航空
公司的DC-3型旅客機為主題。

◆ 升天島（ASCENSION ISLAND，英國屬
地，位於大西洋）發行，主題是英國空軍使
用的C-47型DAKOTA式運輸機。

3. 美國的DC-4型旅客機與C-54型長程運輸機

　　1941年12月7日珍珠港事變後，美國軍方接管DC-4型飛機的生產，改為
製造C-54型長程運輸機，巡航時速450公里，可持續飛行6240公里，載客44
人，共造了一千一百六十三架，戰後美國政府出售或出租了約五百架，被民
航公司改裝為旅客機。

◆ 位於東非的吉布地（DJIBOUTI）在1983年12
月15日發行，主題是法國航空公司（AIR
FRANCE）使用的DC-4型旅客機。

◆ 升天島發行，主題是美國陸軍使用的C-54
型SKYMASTER空中霸主式長程運輸機。

4. 美國的洛克希德L-1049型超級星座式旅客機

　　洛克希德（LOCKHEED）超級星座式（SUPER CONSTELLATION）原型機在1943年1月9日試飛，直到1945年12月11日才得到美國民航局認證，其原因就是密閉艙加壓系統得經嚴密測試。當飛到高空時空氣密度稀薄，空氣阻力減少則速度增加，但是對旅客卻造成呼吸困難、耳朵不舒服的壓迫感。星座式在機身內裝置加壓系統，透過通氣孔，將較密度高的空氣送入機艙，乘客就沒有不舒服的感覺。1950年10月13日推出改良型的超級星座式，載95名乘客，巡航時速570公里，可持續飛行7435公里，合計生產兩百八十架，是1950年代能橫越大西洋的豪華客機。

◆ 西德在1980年4月10日發行，主題是1950年德國航空公司的L-1049型超級星座式旅客機。

（五）渦輪式螺旋槳民航機

1. 英國的維克斯子爵式中短程旅客機

　　維克斯（VICKERS）子爵式（VISCOUNT）中短程旅客機，是世界第一種量產的渦輪螺旋槳民航機，原型

◆ 英國的曼島（ISLE OF MAN）在1984年4月27日發行，圖案是英國歐洲航空公司的子爵式客機飛越該島首府道格拉斯。

機在1948年7月16日初次試飛,第一架量產701型在1953年1月3日交機,至1964年共生產四百四十五架。810型的巡航時速575公里,可持續飛行2554公里,載客65名,台灣的遠東航空公司曾使用子爵式客機飛行國內線。

2. 荷蘭的福克F27友誼式短程旅客機

福克(FOKKER)F27友誼式(FRIENDSHIP)短程旅客機是福克公司為了民航機市場需要而開發,以替代DC-3型客機,原型機在1955年11月24日初次飛行,量產型在1958年3月27日首次飛行,同年12月納入營運。至1986年結束生產共出售了七百八十六架,成為渦輪螺旋槳民航機最成功的一種。其500型巡航時速480公里,可持續飛行1740公里,載客60名。

◆ 荷屬安地列斯群島(NEDERLANDSE ANTILLEN)在1968年12月3日發行,主題是安地列斯航空公司的友誼式500型客機。

3. 蘇聯的伊留辛IL-18型中程旅客機

伊留辛(ILYUSHIN)IL-18型中程旅客機原型機在1957年7月28日初次飛行,至1968年共生產八百多架。1959年加入莫斯科至倫敦航線,接著陸續交給東歐各國及古巴的民航公司使用。最後的IL-18E型巡航時速650公里,滿載可持續飛行2500公里,乘客座位可分成夏季的122或100席、冬季的100或90席。

◆ 捷克斯拉夫在1973年10月24日發行,圖案為捷克斯拉夫航空公司的IL-18型客機飛越Veveri堡。

（六）噴射客機時期

1. 英國的得哈維蘭彗星式4型長程噴射客機

　　得哈維蘭（de Havilland）彗星式（Comet）4型長程噴射客機是世界上第一種實用民航噴射機，原型一號機在1949年7月27日初次試飛。1952年5月2日，英國海外航空公司的彗星式噴射客機從倫敦起飛，前往南非的約翰尼斯堡，開創噴射客機的定期航班業務。由於巡航時速接近800公里，比當時最快速的螺旋槳客機快了約150公里，所以營運第一年就吸引了2萬7700位旅客。但在1954年1月10日、4月8日，兩架彗星式分別在地中海上空解體爆炸。慘劇發生後，立即調查失事原因，判定飛機的結構不足以支撐快速變壓而產生金屬疲勞現象，於是技術人員利用水壓測驗飛機結構體之支撐度，針對缺點加以改進，提升鋁合金耐壓強度。1958年10月4日，新造的彗星式4型由倫敦首次飛抵紐約，載客78位，巡航時速809公里，可持續飛行5190公里。

◆ 位於東非的坦尚尼亞、烏干達、肯亞在1967年1月23日為東非航空公司成立21周年聯合發行，郵票左上角是東非航空公司標誌，主題是彗星式4型噴射客機。

2. 美國的波音707型長程噴射客機

　　波音（Boeing）公司在第二次大戰期間曾製造B-17、B-29重型轟炸機，加上從英國技術人員得到改進彗星式噴射客機的寶貴經驗，終於造出第一代最優秀的大型民用噴射機。原型機在1954年7月首次試飛，量產的707-120型首先由泛美航空公司在1958年10月用於橫越北大西洋航線，載客181位。

1959年1月推出320型，載客增至189位，巡航時速966公里，可持續飛行10,040公里，合計各型共造了九百六十七架。

◆ 西德在1969年2月6日為德國創辦航空郵務50周年發行，主題是德國航空公司使用的波音707型長程噴射客機。

3. 美國的道格拉斯DC-8型長程噴射客機

在第一代噴射客機市場與波音707平分佔有率的就是道格拉斯DC-8，最初量產DC-8-10型在1958年5月完成初次飛行，作為美國長程國內線使用，接著發展30型作為國際線使用。1966年3月試飛61型，載客256位，巡航時速965公里，可持續飛行6035公里。1966年8月推出62型，載客189位，巡航時速965公里，可持續飛行9640公里，是當時飛行距離最長的客機。63型應各民航公司要求，將載客增至259位，可持續飛行7240公里。合計DC-8之50、60系列共造了五百五十六架。

◆ 位於西非的上伏塔共和國在1974年7月23日為環球郵政聯盟成立100周年所發行，主題是非洲航空公司使用的DC-8型長程噴射客機。

4. 美國的波音727型中程噴射客機

　　1960年代應美國國內線航空公司之需求而研發生產，最大特徵是三具發動機集中於機尾，其次是尾部平衡安定板裝於垂直安定板上方呈T字型，主要是提升揚力，縮短起降距離。美國東方航空公司在1964年2月首次使用100型，之後連續生產了二十年，以100及200型為主，至1984年結束。100型可載客131位，巡航時速977公里，持續飛行3260公里。200型將100型機身延長，載客增至189位，巡航時速953公里，可持續飛行4000公里。由於發動機噪音太大，至1990年代中期大都被淘汰。

◆ 位於中太平洋的諾魯（NAURU）在1980年2月28日為諾魯航空公司成立10周年所發行，主題是諾魯航空公司正飛越香港中的波音727型中程噴射客機。

5. 美國的波音737型短程噴射客機

　　多年來穩居短程噴射客機銷售寶座第一名，至2000年包括已生產及訂購數超過三千五百架。量產100型可載客103位，在1968年7月首次飛行，主要用於短程航線。200型載客增至130位，巡航時速841公里，可持續飛行3815公里。300型載客增至149位，在1984年2月首次飛行。400型載客再增至188

◆ 位於中太平洋的諾魯在1980年2月28日為諾魯航空公司成立10周年所發行，郵票圖案為諾魯航空公司使用的波音737型短程噴射客機正在飛越紐西蘭北島最大都市奧克蘭（AUCKLAND）。

位，1988年2月首次飛行。為配合降低噪音規定，在1989年6月推出短機身的500型，載客減為132位。1997年2月首次飛行中程700型，載客149位，可持續飛行5930公里。1997年7月再度推出更具經濟性的800型，載客增至189位，可持續飛行5370公里。良好的銷售業績，證明了波音737各型噴射客機在民航機市場受到普遍的肯定。

（七）廣體客機大量空運時期

1. 美國的道格拉斯DC-10型中、長程噴射客機

　　DC-10是應美國航空公司在1966年3月提出國內線需要廣體（widebody）客機而開發，由於每一排裝配九個座位，機體比當時的一般客機寬廣，因此稱為廣體客機。其最大特徵就是採用三具發動機，除左右翼各裝一具，另外在垂直安定板下部裝置一具。美國航空公司的DC-10-10型在1971年8月5日首次飛行於洛杉磯與芝加哥定期航線，巡航時速925公里，可持續飛行4355公里；用於國內線採單一級，可載客380位；國際線分成頭等、經濟兩級，可載客255至270位。1970年代全球發生能源危機，省油的DC-10受到各大國際航空公司喜好，於是生產長程的DC-10-30型，量產的第一架在1972年12月3日交給荷蘭航空公司，可持續飛行7413公里。

◆ 比利時在1973年5月19日為比利時航空公司成立50周年而發行，以比利時航空公司的DC-10型噴射客機從布魯塞爾國際機場起飛為主題。

2. 美國的波音747巨無霸型噴射客機

波音公司在爭取軍用大型運輸機失利後，就轉向巨無霸（JUMBO）型民航機發展。747-100原型機在1969年2月9日初次試飛，1970年1月21日泛美航空公司首次將量產100型飛行紐約至倫敦航線，載客370位，巡航時速980公里，可續飛8895公里，成為當時載客數最多的民航機，波音公司因此接到增加載客數機型的訂單。200B型在1971年6月首次商務飛行，改進型可續飛11,397公里，載客數增至405名，創下飛行史的兩項新紀錄。

1980年代日本經濟持續繁榮，搭乘飛機旅遊、洽商人數快速成長，波音公司應日本國內線航空公司要求，1980年推出747SR型載客500位、1986年推出300SR型載客584位，再創歷史新頁。1984年接受大航空公司建議，發展航程13,150公里的400型新機種，主翼尾端附裝微斜板，採衛星導航的自動化操控，改裝較省油發動機。1989年1月26日將量產首架交給西北航空公司，標準載客500位，為降低生產成本，停止其他各型，如今747-400型幾乎獨占超大型民用機市場。

◆ 西德在1980年4月10日發行，主題是德國航空
公司使用的747-100型噴射客機。

3. 國際共同發展的空中巴士A300型中程噴射客機

1967年英、法、德三國締結共同計畫協定，開發歐洲區域內經濟型噴射客機，取名為空中巴士（AIRBUS），英國因財政困難於1969年4月退出，同年5月法、德兩國正式訂約。1967年設計出載客300位的機型，所以將型號定為A300，1968年改為250個座位，型號改為A300B。1974年5月23日量產

A300B2型由法國航空公司首次啓用，巡航時速911公里，客艙採一排9位（3＋3＋3），可載客320位；一排8位（2＋4＋2），可載客280位；若再分商務、經濟兩級，可載客240～250位，持續飛行3430公里。

◆ 西德在1980年4月10日發行，主題是空中巴士A300B原型噴射客機。

4. 俄國的伊留辛IL-86型噴射客機

　　1974年蘇聯的伊留辛製造廠參考空中巴士A300B型，開發第一種廣體客機。1977年6月首次在巴黎航空展公開展示飛行，直到1980年12月26日才用於蘇聯國內線，1981年7月3日首次飛行於莫斯科至東柏林國際線，巡航時速923公里，可持續飛行4500公里。國內線客艙配置採頭等席2＋2＋2、經濟席3＋3＋3，共可載客370位；國際線客艙配置頭等20席、商務56席、經濟240席，可載客316位。客艙最特別處就是頭等艙前方有兩間、經濟艙後方有六間併排呈半圓形之洗手間。

◆ 蘇聯在1979年5月16日發行，主題是蘇航空公司使用的IL-86型噴射客機。

（八）超音速噴射客機時期

1. 英、法兩國共同開發的協和式超音速噴射客機

1950年代起，英國、法國即各自研究超音速噴射客機，到了1960年代噴射客機開始普及，英、法兩國的航空科學家認為將來可以造出音速兩倍的噴射機。由於英國當時財政困難，因此尋求與法國合作，共同分擔高昂的開發經費，經由技術交流可以提前完成，1962年11月29日兩國政府簽訂共同開發協議書。原型機001及002號在1967年完成，並分別於1969年3月2日在法國的土路斯、4月9日在英國的布里斯托（Bristol）初次試飛；接著量產準備型01及02號機分別在1971年12月、1973年1月初次試飛，量產型1及2號機則在1973年12月、1974年2月初次試飛。上述六架均分別完成5000小時以上的測試飛行，而一般噴射客機的試飛時間大都未滿1000小時，由此可見製造廠對協和式（CONCORDE）的嚴謹態度。1976年1月21日由法國航空公司做協和式的首次商務營運飛行，從巴黎起飛經西非塞內加爾的達卡（Dakar）到南美巴西的里約（Rio de Janeiro），英國航空公司則從倫敦起飛到中東的巴林（Bahrain）。

協和式的最大特徵是主翼成後掠三角形，機鼻尖長，但在起降時可以向內縮，以便飛行員目視跑道，最快時速2.2馬赫（音速2.2倍），可持續飛行6380公里，由於發動機出力大，所以產生噪音量也大，歐美環保人士非常反對使用協和式。而開發的高成本，也致使造價昂貴，因此總共只造了二十架，其中六架作為展示、試飛之用，英、法航空公司則各自擁有七架。除了造價貴，維修費也貴，反應到機票就更貴，從巴黎到紐約單程定價是5000美元，團體折扣票最優惠價格也要3300美元，折合新台幣約10多萬元，除了富翁、大企業的高階主管，一般人實在負擔不起，載客率因而逐年下降，航空

公司的虧損越來越大,到了2003年終於無法再承受,法國航空公司決定自2003年5月底永久停飛,英國航空公司則飛到2003年10月底。

◆ 英國在1969年3月3日發行,紀念協和式的原型機試飛成功,圖案為協和式的側視、俯視圖,左上角印有法國(左)及英國國旗(右)。

◆ 法國在1976年1月10日發行,紀念法國航空公司的協和式在1976年1月21日由巴黎首次飛行至巴西的里約。

　　協和式超音速噴射客機在飛機郵票中,可說是最為熱門的主題,在此精選出七項分別介紹。

　　位於中西非的喀麥隆聯合共和國(法文國名REPUBLIQUE UNIE DU CAMEROUN,英文國名UNITED REPUBLIC OF CAMEROON),在1976年7月20日發行一款紀念協和式首次商務飛行的小全張,堪稱所有飛機專題郵品中最經典之作,主因即小全張印出協和式超音速噴射客機重要諸元及性能,使每一位收集者對協和式能有簡要的認識,滿足集郵人士的求知欲。發行的目的是紀念協和式超音速噴射客機在1976年1月21日由法國航空公司進行協和式的首次商務飛行(法文:1er VOL COMMERCIAL,英文:1st COMMERCIAL FLIGHT),從巴黎起飛經塞內加爾的達卡到巴西的里約。小全張的售價(法文為Prix de Vente)是600法郎,而郵票面值500法郎,此種小全張稱為「溢價發行小全張」。小全張中法文的協和式重要諸元及性能介

紹翻譯如下：

類別：超音速運輸機

建造者：英國飛行器公司與法國航空太空公司

外型數據：機翼展幅：25.60公尺　機身長：62.17公尺　機身高：12.19公尺

容量：乘客108至144位　機組員：3位　載重量：12,740公斤

推進器：數量：4具　型式：Rolls-Royce / Snecma Olympus 593型

性能：巡航速度：2.05馬赫（即2.05倍音速）　最高速度：2.20馬赫

爬升速度：每秒25.4公尺　航程：6200公里　飛行高度：18,300公尺

Prix de Vente : 600 F

CATÉGORIE :

Transport supersonique

CONSTRUCTEUR :

British Aircraft Corporation - Aérospatiale

CARACTÉRISTIQUES :

envergure : 25,60 m
longueur : 62,17 m
hauteur : 12,19 m

CAPACITÉ :

passagers + équipage : 108 à 144 + 3
charge offerte : 12 740 kg

PROPULSEURS :

nombre : 4
type : Rolls-Royce/Snecma Olympus 593

PERFORMANCES :

v. croisière : Mach 2,05
v. maximale : Mach 2,2
v. ascensionnelle : 25,4 m/sec.
rayon d'action : 6 200 km
plafond : 18 300 m

查德共和國（REPUBLIQUE DU TCHAD）在1997年發行一套小版張，
內含六枚郵票，圖案主題是協和式與高速噴射機。

◇左上：法國、德國合作研發的超大型貨機。
◇中上：法國航空公司的協和式超音速噴射客機。
◇右上：日本設計的X001穿越大氣層超音速噴射客機。
◇左下：美國貝爾公司的X-2火箭機。
◇中下：美國道格拉斯公司的X-3火箭機。
◇右下：法國航空太空公司設計未來的STS2000型超音速噴射客機。

中非共和國（REPUBLIQUE CENTRAFRICAINE）在1998年發行一套
小版張，右邊圖案是協和式飛越紐約市曼哈坦半島最南端摩天高樓區的情
景，左邊有四枚郵票，以協和式與高速噴射機為主題。

◇左上：美國波音公司設計未
　來的2707超音速噴射客機。
◇右上：未來穿越大氣層超音
　速噴射原型機。
◇右下：歐洲設計未來的超音
　速噴射客機。
◇左下：蘇聯製造的土波例夫
　Tupolev 144型超音速噴射
　客機。

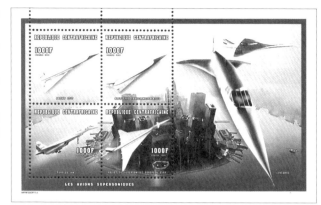

　　馬達加斯加共和國（REPOBLIKANI MADAGASKIRA）在1999年發行
一款協和式商務飛行三十周年紀念版張，內含九枚郵票，設計者採用電腦合
成技巧繪出頗具藝術風格的精美圖
案，其中值得特別說明的四枚是：

　　◇ 中上：飛越紐約市曼哈坦
　　　半島摩天高樓區。

　　◇ 左中：飛越紐約市的布魯
　　　克林大橋。

　　◇ 中中：停在飛機場的正面
　　　圖。

　　◇ 中下：超音速時衝破音障
　　　的幻想圖。

　　版張最下方是法國航空公司的
協和式超音速噴射客機為慶祝千禧
年（MILLENIUM）的紀念塗裝。

2. 蘇聯的土波例夫TU-144型超音速噴射客機

　　蘇聯最高當局得知英、法兩國合作發展超音速噴射客機後，在1964年下令土波例夫（TUPOLEV）製造廠研發相同機種，結果比協和式提早一年，即1968年12月31日執行原型機的首次試飛，外型和協和式相似。1973年巴黎航空展，TU-144因在展示飛行時當眾墜落出醜，於是進行大幅修改，1976年12月26日進行載貨改良試飛，由莫斯科飛到中亞的阿拉木圖（Alma Ata），1977年2月22日以相同航線做載客試飛，而於1978年6月1日再度發生重大事故後，正式宣告停飛。TU-144型的最快時速2.35馬赫，最大航程6500公里，載客數140位和協和式相同。

◆ 中非的剛果在1977年11月18日發行，主題是蘇聯民航公司的TU-144型超音速噴射客機。

（九）世界最大的客機

　　2005年1月18日，歐洲的空中巴士飛機製造集團在法國南部的土路斯組裝廠正式公開世界最大的客機——空中巴士A-380型，參與研發製造的四個國家領袖：法國總統席哈克、英國總理布萊爾、德國施若德及西班牙總理沙伯特羅，也出席展示典禮，他們透過媒體向全世界宣示空中巴士飛機製造集團在航空界高科技的重大成就，並且希望爭取更多的訂單。

空中巴士A-380型的最大特點是採用強化碳纖維作為部分機身結構以減輕重量、機艙採雙層設計以增加內部空間及載客量，因此豪華型的客艙內部設計了包括臥室、酒吧台、餐廳、交誼廳等，彷彿豪華客輪飛上高空。

　　經濟型最大載客數840席、A380-200型載客數656席、A-380-50R豪華型載客數481席，目前已得到十四家航空公司的一百五十一架訂單，售價2億6300萬至2億8600萬美元，約合新台幣80多億元。雖然造價昂貴，但是每位乘客飛行100公里的平均耗油量低於3公升，較目前最大型的波音747型客機省油13%。由於載客量增加，所以營運成本比波音747型客機低20%，載客率只要58%就可以收支平衡，而波音747型客機則需要70%。新加坡航空公司取得量產後的第一架，在2005年3月進行試飛，預定在2006年起開始載客飛行。

　　以下是空中巴士A-380型的機身及性能數據：

・高：24.3公尺（相當於八層樓高）

・機身長：73公尺

・機翼展幅：80公尺

・客艙長：50.7公尺

・機身寬：7.1公尺

・最高時速：1079公里

・可持續飛行：15,000公里（從東京可直飛紐約，中途不停）

◆ 位於西非的幾內亞在2003年發行的小全張，圖案主題就是空中巴士A380型在研發時的試飛機型A3XX，當時預定在2004年底正式亮相。

Concorde - A380 Airbus
Isle of Man
89p
A380
A380
BDT   2003   Keith Woodcock

◆ 英國的曼島在2003年發行，圖案是停在飛機場的
　A380 Airbus空中巴士，背景上空是2003年退休的協
　和式超音速噴射客機。

Alderney
Bailiwick of Guernsey
65
A380
Airbus A380

◆ 英國的奧爾德尼島（Alderney）在2003年發行，以飛行中
　的Airbus A380空中巴士為主題。

六、方寸間的飛船

　　齊伯林飛船時期是航空史上最浪漫的時期！「飛船」是什麼「碗糕」？「齊伯林」又是什麼人？不要說是年輕的 e 世代朋友，就連年長一輩的大概多半也聽都沒聽過。

　　「飛船」就是利用船身的氣袋內裝著比空氣輕的氣體將船身升到空中漂浮，再利用推進裝置使船身行動，彷彿一艘在空中飛行的船，所以德文稱為Luftschiff，英文稱為Airship。

　　而「齊伯林」是一位德國的將領，退伍後傾所有家產製造大型實用飛船，第一次世界大戰期間德國海軍利用齊伯林飛船轟炸英國，對英國民心士氣造成相當大的打擊。大戰後，他的事業繼承者發展出來的大型商用飛船，就命名為「齊伯林伯爵號」（GRAF ZEPPELIN），在航空史上創下不少輝煌紀錄。

　　此專題何以能成為壓軸好戲呢？因為「齊伯林飛船」不僅是交通史上最大的交通工具，也是設備最豪華、票價最昂貴的交通工具（以物價指數而論，比協和式超音速噴射客機的票價還貴一倍），因為高度最高、消費也最高，所以在當時被稱為名副其實的最高級交通工具！

　　再者，由於被「齊伯林飛船」郵票載運過的郵件主人多為德國收藏家，經過第二次世界大戰的浩劫，留存至今品相完整良好者並不多，因而成為收集古典郵品、航空專題者的最愛。換言之，「齊伯林飛船」就是所有集郵專題中的頂尖級，在歐美的郵品拍賣會場上和齊伯林飛船相關的郵品甚至紀念性物品（如紀念幣、圖片、書信、碗盤、咖啡杯等），都成為各路買家眼光中的焦點。其中德國的買家是其他買家之恨，卻也是賣家的最愛，因為不少德國的買家是代表富豪或博物館來收購珍品，如果遇到他們勢在必得的珍罕品，往往會用高於底價好幾倍的價錢搶標，令其他出價者只有乾瞪眼的份。

加郵站

品相（condition）

　　指郵品本身保存的狀況，大致可分為XF、VF、F、VG、G等五級，XF是特佳（extremely fine）、VF是頗佳（very fine）、F是佳（fine）、VG是很好（very good）、G是好（good），一般品相在F以下就少有人投標。

　　而究竟它的魅力何在？爲何如此吸引收藏家？閱讀本章的三個單元之後，您必能了解一二。在此之前，先來談談我收集此專題的動機與經歷。集郵除了欣賞設計與印刷精美的郵品，最好能兼顧保值、甚至升值的樂趣（講白一點就是發財）。所謂有價值的郵品除了發行量不可過多外，還得具有流通性。有些在拍賣目錄上定價頗高的郵票，因爲不熱門導致乏人出價，甚至無法成交，這就是缺乏流通。

　　齊伯林郵品自1970年代以後幾乎是只漲不跌，我在1990年曾標到幾件齊伯林郵品，上頭附有原持有者在1970年代得標的清單，經比對後最少的漲了一、兩倍，最多的還漲到五倍。2000年歐元開始流通後，齊伯林郵品的拍賣標價幣值單位由德國馬克改爲歐元，但是標價的阿拉伯數字並沒改，因爲1歐元的幣值是德國馬克的兩倍多，所以齊伯林郵品的標價實際上漲了一倍，而這也就是郵品擁有者最愛的所謂「自然增值」。

　　1928年（昭和3年）先父自東京商科大學畢業（日語稱爲卒業，戰後改名一橋大學，日本財經界大老多出身該校）後留在東京任職，1929年曾親眼目睹齊伯林飛船飛越東京上空。先父在我小時候曾指著繪本（即畫冊）中的巨大飛船，講述當年飛到日本時引起全國大轟動的故事，各大報社無不以頭版報導「ツェペリン伯號」（GRAF ZEPPELIN），成爲當時最有人氣的話題。

到了1980年代，我經由幾位集郵先進介紹，參加美國郵商的拍賣才知道有齊伯林飛船郵品，於是開始注意此類拍賣訊息。最初標下的都是一些比較便宜的郵品，直到1990年代當了銀行主管後，才有餘力進一步參加珍品拍賣，同時以「齊伯林飛船郵集」參加國內郵展比賽得到鍍金牌獎，1996年受邀參加由加拿大郵局主辦的世界頂尖級國際性大郵展「CAPEX '96」，由於參展好手如雲，只得到銀銅獎（最差是銅牌）。

　　但在那之後，幾位德國著名拍賣郵商將我列入會員名單，開始主動寄「齊伯林飛船郵品拍賣目錄」給我。這本拍賣目錄的印刷十分精美，並以彩色頁列印珍品，非會員函索目錄得付100馬克，因此可說是參展的意外收穫。其後在每年舉行的兩次全德國大拍賣前，我都會收到目錄並參加投標，直到三年前從銀行界退休才停止，而這段期間利用考績獎金拍到的不少珍品，也就順理成章成為本章的主角了。

（一）飛船與齊伯林伯爵

　　飛船的前身是氣球，人類最早利用氣球升空是法國的蒙哥飛爾（MONTGOLFIER）兄弟製造的熱氣球，1783年11月21日下午1點45分在巴黎附近的沉默之宮（Palais de la Muette）前廣場載了兩名志願者升空，升到950公尺的高度，受到西風氣流的影響，在空中飄行了8公里，25分鐘後平安降落。

　　之後的七十年間，雖然有不少氣球航空家用盡各種方法，如改用氫氣、煤氣等，但因缺乏自由操控的動力設備，氣球只能被當成一種表演或科學探測的工具，而無法成為實用的交通工具。直到1852年，航空史才寫下新的里程碑——進入動力時代。法國的昂利‧紀法（HERI GIFFARD）發明了世界上第一個有動力的大氣球（法文稱為dirigeable，英文稱為dirigible，其原意

◆ 中非共和國在1983年為紀念蒙哥飛爾熱氣球載人升空200周年所發行的小全張，圖案是熱氣球載人升空時的盛大場面，左上角是蒙哥飛爾兄弟頭像。

就是可以操控行動的氣球），長43.6公尺、最大直徑11.9公尺，利用吊在紡錘型體氣袋下的3馬力蒸汽機，推動兩片螺旋槳前進，雖然時速只有10公里，遇到風速10公里以上的氣流，就無法保持飛行方向，但對航空科技成就而言卻是極重要的進展。

◆ 1983年為了慶祝蒙哥飛爾熱氣球載人升空200周年發行郵票的還有查德共和國，其中面值80F的主題是昂利‧紀法在1852年9月24日試飛成功的蒸汽動力飛船，左下方是昂利‧紀法的側面像；面值250F的主題是在1900年7月2日試飛成功的齊伯林第1號飛船，右上方是齊伯林的側面像。

經過將近五十年，飛船方面的科技仍無長足進展，主要是出力較大的內燃式發動機尚未發明。1885年德國人朋馳和戴姆勒差不多在同一時間分別製造了一輛以汽油內燃機為動力的實用汽車，和戴姆勒合作研發的機械工程師名叫梅巴赫（Wilhelm Maybach, 1846.2.9~1929.12.29），他們兩人在1895年創辦了戴姆勒汽車公司，梅巴赫專門負責研製高效率的發動機。

　　在當時製造的飛船由於型體不大加上發動機出力小，一旦遇到強風就容易失去操控而發生災難，使得飛船和氣球的遭遇相同，只能當成表演和科學研究而已，所以齊伯林就提出飛船的船體大型化及發動機出力增強化的新對策。梅巴赫應齊伯林之請求，不斷改進發動機增強出力，到了1900年終於造出符合齊伯林飛船所需的發動機，才讓齊伯林的第1號飛船在該年7月2日首次飛行成功。1909年梅巴赫和兒子組成了一家公司，製造航空用發動機，包括供應齊伯林飛船所需要的發動機。

　　在航空史上的各種飛船中，以齊伯林飛船生產的數量最多，從1900年的第1號到1938年的第130號，合計完成119艘，因此齊伯林「ZEPPELIN」一詞幾乎成了飛船的代名詞。

1.「飛船之父」齊伯林

　　齊伯林1838年7月8日生於德國南部波登湖畔的康斯坦茲（Konstanz），當時德國尚未統一，分為三十九個邦，齊伯林家屬於符騰堡大公國（Würtemberg）的貴族，後來繼承父親的爵位，德文稱為「Graf Ferdinand von Zeppelin」，即「齊伯林‧斐迪南伯爵」之意。14歲就讀陸軍官校，20歲投入軍旅，表現優異，頗受符騰堡大公的欣賞，派他前往維也納參觀軍事大演習，還到過威尼斯、巴黎、倫敦等地。

　　1863年遠赴美國晉見林肯總統，為了獲取實戰經驗，加入聯邦軍的騎兵

飛船與齊伯林伯爵

267

隊，曾參與南北戰爭中的幾次戰役。1870年普魯士王國為統一德國，對法國宣戰，當時任騎兵上尉的齊伯林建功不少。隔年全德統一，從此軍中最高階要職大都由普魯士系將領擔任，而齊伯林屬符騰堡系，到了1890年時，值52歲的他自覺要再進階頗難，於是以陸軍中將身分退伍。

齊伯林在美國期間，曾搭氣球到密西西比河流域去探險，因此引發建造飛船的構想。退伍後發表設計圖時，受到許多航空專家的批評與嘲笑。但是他憑著滿腔熱血，不希望德國在航空器的競賽落後列強，親自向政府、軍方首長陳情說明，終於得到政府補助一筆鉅額經費。經過十年的努力，第1號飛船終於在1900年7月2日試飛成功。

往後的發展可謂十分艱辛，為了籌措興建飛船的資金，他不惜賣掉祖先遺留下來的農場，經過五年的奮鬥，第2號飛船在1905年11月30日升空試飛時受損，第3號飛船在1906年10月9日的兩個小時試飛中，時速可達43.9公里，之後由於表現不錯，德國陸軍開始贊助他興建新的飛船。1908年8月5日，第4號飛船因遭遇強風不幸墜落，撞到樹林引起爆炸，對齊伯林來說是一項嚴重打擊。但他並不氣餒，決心加以改進，並且得到埃克那（Hugo Eckener）博士的鼎力相助。

當時德國掀起捐助齊伯林熱潮，連小學生也捐出零用錢，大家都盼望能早日看到新型的齊伯林飛船在空中飛行。而齊伯林也不負眾望，第5號飛船在1909年5月26日首次飛行成功，第6號飛船在1909年8月25日從工廠直飛柏林成功以後，當年12月成立世界第一間航空交通公司「DELAG」；第7號飛船命名為「德國號」（Deutschland），成為第一艘商用飛船，在1910年6月19日至21日進行首次觀光飛行，由埃克那博士擔任船長，之後開始穿梭於德國境內各大都市。

在1910年至1914年間所使用的飛船有第10號的「許瓦本」

（Schwaben）、第11號的「維多利亞‧露意絲」（Viktoria Luise，德皇的獨生女兒）、第13號的「漢札」（Hansa）等，每艘可載25名乘客，至第一次世界大戰爆發前的1914年8月，DELAG的所有飛船在空中共飛行了1600次、時間約3200小時、行程超過16,000公里、載過37,750名乘客而無一名受到任何傷害。當時只能載2、3名乘客的飛機，與飛船相比，簡直是小巫見大巫。

　　第一次世界大戰中，德軍徵召齊伯林飛船裝載炸彈空襲英國大都市，起初頗有成效，後來英國生產新式戰鬥機，能爬升至高空射擊飛船，由於飛船體型龐大，容易被擊中，加上氫氣的易燃性高，一旦中彈馬上爆炸，因此犧牲了不少優秀的官兵。齊伯林爲此飽受各界指責，又因爲親自監造飛船，操勞過度，染上肺炎，在1917年8月3日去世。臨終前囑託埃克那博士：「戰後和平時期來臨，你必須繼承我的遺志——製造性能優越的飛船，完成環繞世界一周的壯舉。」

◆ 1938年正逢齊伯林百年誕辰，德國在7月5日發行一套航空郵資的紀念郵票，面值25分尼的圖案是齊伯林站在LZ-2號飛船的吊艙裡，下面是第一次世界大戰前的LZ-4號飛船。面值50分尼的圖案是興登堡號飛船的操控艙（Führergondel），下面是該船的側面圖。當年德國集郵界為共襄盛舉，在康斯坦茲舉辦齊伯林郵展（ZEPPELINPOST-AUSSTELLUNG），期間從7月8日至12日。

◆ 德國在1934年1月21日發行一套航空郵資郵票，其中面值最高的3馬克（RM即REICH MARK之縮寫）郵票圖案是齊伯林肖像及齊伯林伯爵號飛船，下邊的「Deutsche Luftpost」字樣即「德意志航空郵政」之意。

ZEPPELINPOST-AUSSTELLUNG
anläßlich des 100. Geburtstages des Grafen Zeppelin
vom 8. bis 12. Juli 1938 in seinem Geburtsort
KONSTANZ a. Bodensee

大戰結束，德國因為戰債龐大，政府陷入財務困境，埃克那只得自行籌資興建一艘前所未有的大型飛船，編號LZ-127，LZ即齊伯林飛船德文「LUFTSCHIFF ZEPPELIN」的簡稱。1928年7月8日值齊伯林九十冥誕，由齊伯林的女兒主持命名典禮，取名為「齊伯林伯爵號」（GRAF ZEPPELIN），以紀念偉大的「飛船之父」。

◆ 繪有齊伯林晚年畫像的紀念明信片，齊伯林著陸軍中將禮服，佩掛綬帶和勳章，神情顯得十分威武。

2. 齊伯林伯爵號飛船

齊伯林伯爵號飛船在1928年9月18日首次飛行成功，1937年6月18日執行最後一次飛行後，結束了九年來多采多姿的旅程，1940年3月被德國空軍下令解體，將鋁製船殼拆下來改為製造飛機的機殼。在此簡單介紹齊伯林伯爵號飛船的重要諸元、性能及著名的飛行經歷。

齊伯林伯爵號，全長236.6公尺，船體最大直徑33.7公尺，內裝十六個巨型氫氣袋，配置五具發動機，每具出力550匹馬力，巡航時速115公里，最高時速128公里，最大持續飛行距離10,000公里。為了使乘客覺得寢室舒適寬

敝，客艙中只隔成十間寢室，每間容納2名乘客，所以只載20名乘客。客艙布置得十分豪華，餐廳供應精美餐點、名酒、咖啡，可以說是一間空中旅館。

由於內部設備完善，活動空間比現代的噴射客機大太多了，十分適合長途飛行，凡是搭乘過的旅客都覺得旅途舒適愉快，是一種終生難忘的豪華享受。飛船的速度和現在的電力列車速度相近，而且優良的操控使得飛船不但能平穩地前進、後退，還能低空飛翔，乘客臨窗俯瞰山川、海洋及日出、日落等景色，美不勝收，悠哉悠哉，何等愜意。如今噴射機雖然飛得又快又高，但是一般經濟艙座位狹窄，並不適合長途飛行，現代人實在很難體會搭乘飛船的樂趣。

1928年10月11日，齊伯林伯爵號從母港（homeport）——弗里得利希港（Friedrichshafen，位於波登湖畔）起飛，搭載20名乘客和6萬2000封郵件，經過111小時43分鐘，完成第一次橫越大西洋的飛行，在10月16日平安抵達美國紐澤西州（New Jersey）南部的沙丘湖（Lakehurst）航空站，回程因順風只用了71小時4分鐘。

1929年8月8日，埃克那博士擔任船長，率領41名工作人員，乘載20名乘客，齊伯林伯爵號從沙丘湖出發，經加拿大東部的紐芬蘭（Newfoundland），橫越北大西洋，飛抵弗里得利希港停留，再經俄羅斯大平原、西伯利亞上空，8月19日抵達日本，在東京東北方的霞浦著陸，日本海軍航空隊還特地興建了一座特大型的收容庫（日文稱為格納庫），接待來自遠方的貴賓。

當時的日本人從未見過如此龐然巨物，驚訝萬分，還以為空中飛來了一條銀色的大鯨魚。接著橫越太平洋，經舊金山，到達洛杉磯降落，稍事停留，再經芝加哥，於8月29日安然返回沙丘湖，終於完成環繞世界一周的壯舉，實現了齊伯林的遺願。全部行程共計33,632公里，經過21天又7小時34分鐘，實際飛行時數是273小時27分鐘，創下航空史上的一項新紀錄。

1930年5月18日至6月6日，齊伯林伯爵號飛到南美洲進行親善訪問。1931年7月搭載德國和蘇聯科學家飛抵北極，和蘇聯的破冰船會合成功，接著開辦歐洲至南美間的定期航班輸送業務。直至1937年，九年之間，共計飛越北大西洋七次、南大西洋一百四十次，包含飛往其他各地，合計五百九十次飛行，飛行時數達17,000多小時，累積行程170萬公里，載運34,000多名乘客、郵件39,219公斤、貨物30,422公斤，在航空史上留下光輝燦爛的一頁。

　　匈牙利（MAGYAR）在1977年11月1日發行一套紀念齊伯林伯爵號飛船的小全張，內含一枚面值20Ft的航空郵票，圖案是1931年3月27日飛抵匈牙利首都布達佩斯上空（藍色的多瑙河流經布達與佩斯兩都市之間）的情景，左上角是1931年匈牙利郵局蓋的紀念郵戳，郵票下方是各次飛行路線圖，其中有一條紅色的長橫線（延到最旁邊），就是環繞世界一周中飛越北太平洋的航線。本小全張共發行二十八萬七千張，在右下角有控制編號031893。

羅馬尼亞（ROMANA）在1978年3月20日發行一款齊伯林伯爵號飛船的紀念小全張，內含一枚面值L10的航空郵票，圖案是1929年10月16日飛抵羅馬尼亞首都布加勒斯特（BUCURESTI）上空的景況。本小全張共發行十二萬張，是所有正式發行的齊伯林專題小全張中發行數量最少的一套，所謂正式發行是指在郵局以面值公開發行，例如一些官方贈送品或超出面值出售者（如無齒郵票）即不符正式發行的規定。左下角有控制編號021580。

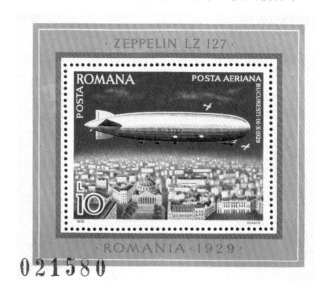

　　中非共和國（REPUBLIQUE CENTRAFRICAINE）在1983年9月30日為紀念蒙哥飛爾熱氣球載人升空兩百週年，發行一種非常特別的小全張，內含一枚燙金箔的郵票，面值1500法郎，郵票圖案中央是齊伯林伯爵肖像、上方是齊伯林伯爵號飛船。

　　小全張圖案右上方是齊伯林伯爵號飛船從德國飛到巴西里約的南大西洋路線圖，下方是齊伯林伯爵號飛船的吊艙內部分布圖，上排由右至左分別是「操控台」、「導航室」、「無線電報室」、「餐廳」、「乘客寢室」、「乘客用洗手間」、「機組員用洗手間」，下排由右至左分別是「料理室」、「風力發電機」、「入口」、「下錨停靠斜面」、「客艙通道」、「盥洗室」。由於內部

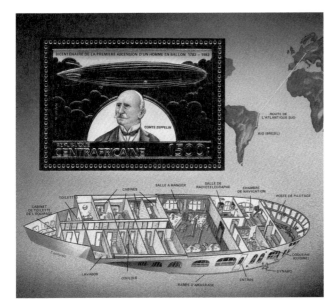

構造描繪得十分細緻，
並且一目了然，因此被
齊伯林郵迷公認為設計
最佳的一款小全張。

◆ 齊伯林伯爵號飛船內的餐
廳，餐桌上擺著精緻的杯
子、碗盤。

　　馬拉加西共和國（REPOBLIKA MALAGASY）在1976年3月3日發行一
套紀念郵票及一款小全張，右上角是齊伯林肖像，本套在圖案設計上的最大
特色，就是齊伯林肖像下複印當時重要飛行的紀念郵戳。Fmg是馬拉加西法
郎的簡寫。

◆ 面值40Fmg／1929年環繞世界一周飛行，飛越日本的最高峰——富士山。內蓋有東京中央郵局刻印的紀念章。

◆ 面值50Fmg／1930年南美飛行，飛越巴西里約的地標——糖塔山（Sugar Loaf）。內蓋有飛船的收件紀念章。

◆ 面值75Fmg／1929年美國飛行，飛越紐約市曼哈坦半島南端摩天大樓區。內蓋有飛船的收件紀念章，印章內右邊是紐約的地標——自由女神像。

◆ 面值100Fmg／1931年埃及飛行，飛越人面獅身石雕像及金字塔。內蓋有金字塔型的收件紀念章。

◆ 面值200Fmg／1936年飛往柏林奧運會場，途中飛越柏林市的地標——布蘭登堡門（Brandenburger Tor）。蓋在上面的是奧運會飛行的收件紀念章，印章內是一面五圈環奧運會旗，外環上半圈的「LUFTSCHIFF HINDENBURG」，即「興登堡號飛船」。當時齊伯林伯爵號和興登堡號飛船曾在柏林上空會合，吸引大批民眾圍觀。

◆ 面值300Fmg／1931年英國飛行，飛越倫敦的英國國會（左）和西敏寺大教堂。蓋有飛船的收件紀念郵戳，郵戳內是倫敦的塔橋（中間的部分可以分開靠邊拉起，讓船隻通過）。

◆ 小全張圖案的上方是齊伯林伯爵號飛船，郵票右側的人像，由左至右分別是負責設計及監督製造齊伯林伯爵號飛船的杜爾博士（Dr. H.C. LUDWIG DÜRR）、齊伯林伯爵、埃克那博士。內含一枚面值450Fmg的郵票，圖案是1933年的羅馬飛行，飛越羅馬教廷的聖彼得大教堂廣場。蓋的是羅馬郵局刻印的紀念郵戳，郵戳內是羅馬城起源的神奇傳說——母狼以奶餵養一對兄弟。

　　尼日共和國在1976年5月18日發行一款小全張，內含一枚面值500法郎的郵票，圖案是齊伯林伯爵號飛越瑞士的阿爾卑斯山，郵票的四周是齊伯林伯爵號曾飛越的大都市，從上方依順時針方向分別是開羅的新市街、倫敦的西敏寺大教堂和英國國會、西班牙的塞維爾、羅馬教廷的聖彼得大教堂廣場、柏林的圓頂大聖堂、紐約的摩天大樓、東京的日本國會、里約的糖塔山。

　　匈牙利在1981年3月16日發行一套航空郵票，紀念當年3月20日至29日瑞士在琉森（LUZERN）舉辦的第一屆航空太空國際郵展，圖案取自齊伯林伯爵號飛船著名飛行中所經過的重要地點。

◆ 面值1Ft／1929年環繞世界一周飛行，飛越日本東京的皇居，背景是富士山。

◆ 面值2Ft／1931年北極飛行，下面是和它會合的蘇聯破冰船「馬里銀號」（MALYGUIN）及一頭海象。

◆ 面值3Ft／1931年匈牙利飛行，飛越賀托巴奇的「九孔橋」（NINE ARCH BRIDGE, HORTO-BAGY）。

◆ 面值4Ft／1931年環波羅的海飛行，飛越德國北部留貝克的「侯斯騰門」（HOLSTEN TOR, LÜBECK）。

◆ 面值5Ft／1931年英國飛行，飛越倫敦的塔橋（TOWER BRIDGE）。

◆ 面值6Ft／1933年美國飛行，飛越芝加哥聯邦大廈（FEDERAL PALACE）。

◆ 面值7Ft／1929年首航至瑞士，飛越琉森。右邊附帶一枚無面值的標符（label），圖案是以太空梭升空為主題的郵展標誌。

（二）興登堡號飛船

　　1936年齊伯林飛船工廠製造了一艘前所未有的大飛船，為了紀念1934年去世的德國總統興登堡元帥（Paul von Hindenburg），將它命名為「興登堡」，編號LZ-129。飛船全長245公尺（比齊伯林伯爵號長10公尺），裝置四具發動機，每具出力1100匹馬力，最高時速135公里，可持續飛行16,500公里，搭載40名工作人員及55名乘客。餐廳內有一架演奏用鋼琴，所以可做為娛樂交誼廳，另外裝置向外傾斜的俯瞰風景窗戶，並放置舒適的靠背沙發椅，因此被稱為航空史上最大、最豪華的飛船。

　　1936年5月6日，首次飛越北大西洋，5月9日抵達美國東部的沙丘湖，創下64小時53分鐘橫越北大西洋的新紀錄，接著開辦德國到美國的定期航班，每週往返一次，直到1937年飛船發生大爆炸為止，共完成六十三次飛行，包括三十七次飛越大西洋，載運2656名乘客，累計飛行337,129公里。

　　1937年5月6日，興登堡號載著61名工作人員和36名乘客，飛抵沙丘湖附近上空，當時正值大雷雨，為了安全起見在上空盤旋，到了下午7點，風雨微弱，開始下降逐漸接近繫留鐵架，放下著陸的纜繩，不久套住繫留用的滑車，當時船上的無線電報員正和在南大西洋上飛行的齊伯林伯爵號互通電訊。9點25分，興登堡號忽然發生爆炸，巨大的船體立即陷入熊熊火焰之中，一共犧牲了13名乘客和22名工作人員。

　　爆炸的原因，根據埃克那博士的研判，可能是船體內的支架折斷割破了氫氣袋，氫氣外洩，碰上靜電的火花，以致不可收拾。但是有些航空史專家依照當時德國駐美國大使館在事前曾接到「要破壞飛船」的恐嚇，認為可能有人故意放火燃燒。十多年前有一位美國專家則認為船殼上有一層防鏽的鎂粉漆，當時雷雨中的放電觸到鎂粉漆，就好像照相機的鎂光燈發出閃光而引發爆炸。由於各家說詞不一致，真正爆炸的起因至今仍然是一個解不開的

謎。不過有一點卻是公認的事實——「氫氣」才是真正的元兇。因爲氫是易燃性氣體，一旦著火，立即會引起劇烈的燃燒。

難道除了「氫氣」就不能使飛船上升嗎？有一種不易燃燒的氣體叫做「氦」（Helium），比空氣輕，但是地球大氣中的自然存量很少，成爲稀有氣體，當時美國是唯一能生產「氦」的國家，而齊伯林飛船爲何不使用「氦」呢？其中有一段秘辛，造成了意外的悲劇，也結束了大型載客飛船的黃金時代。

自從興登堡總統去世，希特勒領導的國家社會主義黨（俗稱納粹）成爲執政黨後，軍國主義再度抬頭。美國鑑於第一次世界大戰中德國曾經用飛船轟炸英國，害怕歷史重演，何況齊伯林飛船已有飛越大西洋的能耐，誰敢保證平時載客的飛船到了戰時不會變成「空中殺手」，來轟炸美國本土？於是美國政府下令禁止「氦氣」輸出，並且不准供應齊伯林飛船。興登堡號只得使用氫氣填充氣袋，終於發生傷亡慘重的悲劇。

1938年9月14日，興登堡號編號LZ-130的姊妹船——「齊伯林伯爵號二世」（Graf Zeppelin II），當天首航成功，接著進行了幾次短距離飛行，隨後在1940年5月遭到解體的厄運。當時德國有飛船王國之稱，第二次世界大戰爆發後，決定放棄建造大型飛船的計畫，飛船因而從此退出航空界的大舞台，結束了航空史上最浪漫的時期。

馬利共和國（REPUBLIQUE DU MALI）在1977年5月30日發行一套齊伯林飛船專題郵票，共四枚。

◆ 面值120法郎／1900年試飛的第1號飛船。

◆ 面值130法郎／1928年試飛的「齊伯林伯爵號飛船」，郵票誤印為1924年。

◆ 面值350法郎／1937年爆炸的「興登堡號飛船」。

◆ 面值500法郎／「齊伯林伯爵號飛船」繫在鐵柱上，左邊是齊伯林伯爵肖像。

　　上伏塔共和國（REPUBLIQUE DE HAUTE-VOLTA）在1976年5月11日發行一套齊伯林飛船專題郵票，共有六枚。

◆面值10法郎／編號LZ 7「德國號」飛越弗里得利希港。

◆面值40法郎／編號LZ 11「維多利亞・露意絲號」飛越基爾運河上的帆船。

◆面值50法郎／編號LZ 17「札克森號」（SACHSEN）飛越德國鄉間。

◆面值100法郎／編號LZ 127「齊伯林伯爵號二世」飛越阿爾卑斯山脈。

◆面值200法郎／編號LZ 129「興登堡號」飛抵柏林上空。

◆面值300法郎／編號LZ 130「齊伯林伯爵號二世」。

茅利塔尼伊斯蘭亞共和國（REPUBLIQUE ISLAMIQUE DE MAURI-TANIE）在1976年6月28日發行一套齊伯林飛船專題郵票，一共六枚。

◆ 面值5UM／編號LZ 4飛船飛越收容庫。
◆ 面值10UM／編號LZ 10「許瓦本號」飛越德國山區，左上角是埃克那博士肖像。
◆ 面值12UM／編號LZ 13「漢札號」飛越北海的黑孤蘭島（HELIGOLAND）。

◆ 面值20UM／編號LZ 120「波登湖號」飛越波登湖，左上角是杜爾博士肖像。
◆ 面值50UM／編號LZ 127「齊伯林伯爵號」飛越位於華盛頓的美國國會。
◆ 面值60UM／編號LZ 130「齊伯林伯爵號二世」飛越瑞士的阿爾卑斯山脈。

剛果人民共和國（REPUBLIQUE POPULAIRE DU CONGO）在1977年8月5日發行一套齊伯林飛船專題郵票，共五枚。

◆ 面值40法郎／編號LZ 10「許瓦本號」在1911年啓用。
◆ 面值60法郎／編號LZ 11「維多利亞‧露意絲號」在1913年啓用，右下角是德國的維多利亞‧露意絲公主。

◆面值100法郎／編號LZ 120「波登湖號」飛越波登湖。

◆面值200法郎／編號LZ 127「齊伯林伯爵號」1936年飛越柏林的奧運會場。

◆面值300法郎／編號LZ 130「齊伯林伯爵號二世」。

（三）飛船載運的明信片與信封

1.「齊伯林伯爵號」載運

　　首次飛越大西洋的實際信封，自弗里得利希港寄到美國，貼的是1928年9月20日所發行，面值4馬克的齊伯林航空郵票，蓋有弗里得利希港1928年10月10日寄件郵戳，上方橢圓形收件章上的「Mit Luftschiff LZ 127 befördert」，即「由LZ 127號飛船承載」。

1929年首次美國飛行（1. AMERIKAFAHRT）實際信封，自弗里得利希港寄到美國，貼著1928年9月20日發行的面值4馬克齊伯林航空郵票，上有弗

里得利希港1929年7月31日寄件郵戳，中央是圓形紀念章，信封左邊為埃克那博士肖像。

1929年環繞世界飛行（WELTRUNDFAHRT）實際信封，自弗里得利希港寄到日本的大阪，1928年9月20日發行的面值4馬克齊伯林航空郵票上，蓋有弗里得利希港1929年8月15日寄件郵戳，旁邊還有當時少見的大阪郵局英

文收件戳，日期是1929年8月21日，中間有圓形環繞世界飛行紀念章，紀念章左上方的「Friedrichshafen（Bodensee）—Tokio」即「弗里得利希港（波登湖）—東京」之意。本封最特別之處在於收件者為「THE BANK OF TAI-WAN, LTD. Osaka, Japan」，即「台灣銀行 有限公司 大阪 日本」，對於台灣的收藏者而言，必然有一番特殊的情懷。

　　我對這項郵品的唯一遺憾是，當時拍賣目錄尚有一件相似的郵品——貼2馬克齊伯林航空郵票的實際明信片（收件者同上），我未能得標，之後也沒在其他拍賣目錄中發現此郵品，至今仍令我耿耿於懷。

　　1929年環繞世界飛行（WELTRUNDFAHRT）實際明信片，德國郵局發行，面值5分尼，郵資圖案的肖像是興登堡總統，自弗里得利希港寄到洛杉磯，貼有兩枚1928年9月20日發行的面值2馬克齊伯林航空郵票，上面是弗里得利希港1929年8月15日寄件郵戳，中間為洛杉磯的收件戳，日期是1929年8月26日，收件戳外環正下方的「Z.R.W.」是「Zeppelin-Round-World」的簡寫。郵票下方是紅色的圓形環繞世界飛行紀念章，紀念章右下方的

「Friedrichshafen（Bodensee）—Los Angeles」即「弗里得利希港（波登湖）—洛杉磯」之意。

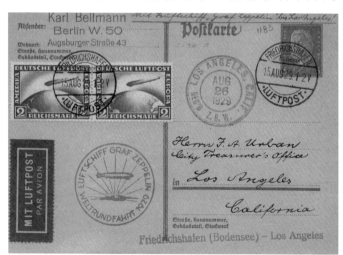

1929年環繞世界飛行（WELTRUND-FAHRT）實際明信片，自弗里得利希港出發環繞世界一周回到弗里得利希港，貼有1928年9月20日發行的面值2、4馬克齊伯林航空郵票各一枚，

以及1926年發行的面值1馬克航空郵票（圖案是象徵飛行的鷹）一枚，蓋上弗里得利希港1929年8月15日郵戳，4馬克郵票下方是圓形環繞世界飛行紀念章，紀念章下面的「Friedrichshafen（Bodensee）—Friedrichshafen（Bodensee）」即「弗里得利希港（波登湖）—弗里得利希港（波登湖）」之意。

　　1931年北極飛行（POLARFAHRT）實際明信片，自柏林載運到蘇聯的列寧格勒（LENINGRAD），貼著1931年7月10日發行的面值1馬克齊伯林航空郵

票（左上角加印POLAR-FAHRT 1931），蓋有柏林1931年7月25日寄件郵戳，左邊有日期是1931年7月25日的列寧格勒收件戳，左下角是半圓形北極飛行紀念章，印章內的光芒象徵北極的極光。

1931年北極飛行（POLARFAHRT）實際掛號明信片，自列寧格勒載運到蘇聯的破冰船「馬里銀號」，左側中間蓋有列寧格勒中央郵局的長方形掛號章NO.3018，貼著1931年7月18日蘇聯發行的面值30КОП、1РУБ無齒航空郵票各一枚，郵票上方的法文「POLE DU NORD」即北極之意。列寧格勒的寄件戳日期是1931年7月25日，明信片左上角的破冰船「馬里銀號」紀念收件郵戳，日期是1931年7月27日，本明信片於一個月後運到維也納，最後蓋上維也納（WIEN）德文收件戳，日期是1931年8月27日。

　　1933年10月第五十次越洋－南美－芝加哥飛行（50.OZEANÜBERQUERUNG-OKTOBER 1933-SÜDAMERIKA-CHICAGO-FAHRT）實際信封，自弗里得利希港載運到巴西的里約，貼著面值50分尼的興登堡總統肖像郵票及1933年9月25日發行的面值1馬克齊伯林航空郵票，郵票左上角有「芝加哥飛行世界博覽會」（Chicagofahrt Weltausstellung 1933）

字樣，蓋上飛船
1933年10月16日的
寄件郵戳，左邊有三
角形紀念章，上面的
飛船飛行路線圖為：
由紅點位置的「弗里
得利希港」南下至
「里約」，再北上至
「芝加哥」，最後返
回原出發點。

1933年10月月第五十次越洋－南美－芝加哥飛行（50.
OZEANÜBERQUERUNG-OKTOBER 1933-SÜDAMERIKA-CHICAGO-
FAHRT）實際信封，自弗里得利希港載運經里約、芝加哥回到弗里得利希
港，貼有1933年9月25日所發行面值4馬克的齊伯林航空郵票，弗里得利希港
的寄件郵戳日期是1933年10月14日，左邊的三角形紀念章，圖案為飛船飛行

路線圖：由紅
點位置的「弗
里得利希港」
南下至「里
約」，再北上
至「芝加
哥」，最後返
回原出發點。

　　1934年12月8日
至19日第十二次南
美飛行的實際明信
片，因為接近聖誕
節，所以又稱為聖
誕 節 （ W E I H -
NACHTEN） 飛行，
貼著1931年5月發行
的面值1馬克齊伯林
航空郵票一枚，及

1934年1月21日發行的面值20分尼航空郵票兩枚，郵票上有飛船1934年12月
13日寄件郵戳，左下角的圓形紀念章內刻印飛船和聖誕樹，它的上方有一個
在飛船上蓋的飛船形紀念章，紀念「齊伯林伯爵號」在1928年至1934年累計
飛行了100萬公里，對「齊伯林伯爵號」而言是一個最重要的里程碑。

2.「興登堡號」載運

◆ 「興登堡號」飛船正要
　升空，後面是飛船的收
　容庫。

1936年3月31日至4月10日的第一次歐洲至南美（EUROPA-SÜDAMERI-KA）飛行的實際信封，自弗里得利希港載運至巴西的里約，貼有1934年1月21日發行的面值5、20分尼航空郵票各一枚，及1936年3月16日爲了第一次北美飛行所發行，面值50和75分尼、圖案爲「興登堡號」飛越海洋的航空郵票各一枚，蓋上「興登堡號」飛船1936年4月1日寄件郵戳，下方是飛船上蓋的紅色圓形寄件紀念章。

　　1936年5月6日至5月14日的第一次歐洲至北美（EUROPA-NORD-AMERIKA）飛行的實際信封，自弗里得利希港載運至紐澤西州的沙丘湖，上貼1934年1月21日發行的面值25、80分尼航空郵票各一枚，蓋有「興登堡號」飛船1936年5月8日寄件郵戳，本封最吸引飛船郵迷之處即埃克那博士在信封左上方的親筆簽名。

　　1936年5月6日至5月14日的第一次歐洲至北美（EUROPA-NORD-AMERIKA）飛行的實際信封，自弗里得利希港載運至紐澤西州的沙丘湖，貼著1934年1月21日發行的面值5分尼航空郵票一枚，及1936年3月16日發行的面值50分尼航空郵票，上有「興登堡號」飛船1936年5月8日的寄件郵戳，下面是郵件返回德國法蘭克福郵局所蓋的到達郵戳，日期爲1936年5月14日，信封左側還貼了一枚埃克那博士的肖像貼紙。

1936年5月6日至5月14日的第一次歐洲至北美（EUROPA-NORD-AMERIKA）飛行的實際明信片，自弗里得利希港載運至紐澤西州的沙丘湖，貼有1934年1月21日發行的面值15分尼航空郵票一枚，及1936年3月16日發行的面值50分尼航空郵票，「興登堡號」飛船的寄件郵戳日期為1936年5月12日，明信片中央是郵件返回德國法蘭克福郵局蓋的到達郵戳，日期是1936年5月14日。明信片背面是「興登堡號」的交誼廳及俯瞰窗戶。

◆ 正面

◆ 背面

1936年8月1日柏林奧運會飛行（OLYMPIAFAHRT）的實際信封，自法蘭克福載運到柏林，上頭貼了1936年5月9日所發行全套共八枚的柏林奧運會紀念郵票，蓋有法蘭克福飛行場郵局的寄件郵戳，左下方是柏林奧運會飛行紀念章。

1937年5月3日至6日的北美飛行，是最後一次、也是不幸的飛行——在目的地紐澤西州的沙丘湖上空發生爆炸，當然載運的郵件大部分都被燒成灰燼，而透過郵件上的郵戳日期辨識出來，並且經美國郵局蓋章確認的少數留存下來的殘骸，自然成為飛船郵迷最為矚目的焦點，也是最珍貴的郵品，至於可辨識出來，但未經郵局確認者算是略次品。此類郵品只要在現場拍賣會出現，必然成為收藏家競標的對象，我曾多次委託美國、德國郵商代拍，但都未能如願，得標價往往高出底價數倍。

直到四年前，台北有位持綠卡的郵商從美國標到一件相關郵品，殘片分成一小和一大，小片可辨識出來是1936年3月16日所發行面值75分尼的航空郵票，可惜郵戳只剩一小部分，有趣的是郵票左邊寫了「HELP」（救命）字樣，大片上頭則有五行字，另外還有前手郵商所附，寫有「珍罕興登堡失事封及附件」（RARE HINDENBURG CRASH COVER AND ENCLOSURE）的小卡片。由於缺乏更有公信力的證據，因此以新台幣1000元成交，台語俗諺說：「無魚蝦亦好」，總算聊勝於無。